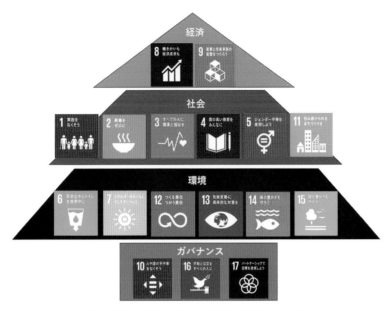

図1　環境・社会・経済の3構造を示した木の図

出典：国際連合広報局

図2　5つの「P」の関係図

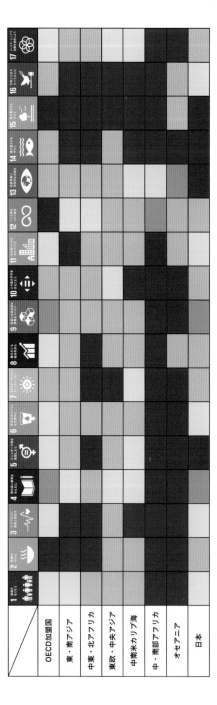

凡例:
達成見込み（目標達成）
課題あり（課題が残っている）
重要な課題あり（重要な課題が残っている）
極めて重要な課題あり（主要な課題が残っている）
資料なし

出典：Sustainable Development Report 2023 より作成

図3　世界の地域別SDGsの達成状況（2023年）

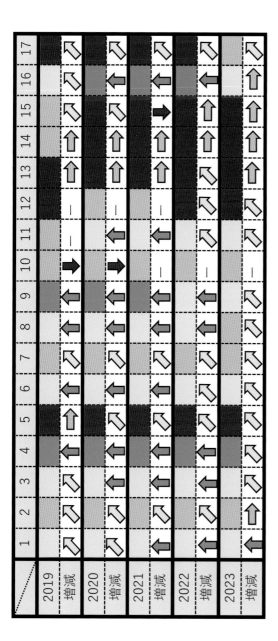

	1	2	3	4	5	6	7	8	9	10	11	12	13	14	15	16	17
2019																	
増減	↗	↗	↗	↗	↗	⬆	↗	⬆	⬆	➡	—	—	↗	⬆	↗	↗	↗
2020																	
増減	↗	↗	↗	↗	↗	⬆	↗	⬆	⬆	➡	⬆	—	⬆	⬆	↗	⬅	⬆
2021																	
増減	⬅	↗	⬅	↗	↗	↗	↗	⬅	↗	—	⬅	—	↗	⬆	➡	⬅	↗
2022																	
増減	⬆	↗	↗	↗	↗	↗	↗	↗	⬆	—	↗	↗	⬆	⬆	⬆	⬆	⬆
2023																	
増減	⬆	↗	↗	↗	↗	↗	↗	↗	↗	—	↗	↗	⬆	⬆	⬆	↗	↗

- 目標達成
- 課題が残っている
- 最重要課題が残っている
- 主要な課題が残っている

- ⬆ 目標達成に向け順調に改善／達成レベル
- ↗ 目標達成に向け適度に改善
- ⬆ 停滞している
- ➡ 悪化している
- — データがない

出典：Sustainable Development Report 2023 より作成

図4　日本における過去5年間の目標別達成度（進捗度）の特徴

〈第二版〉

スタディガイド

Study Guide
SDGs（Sustainable Development Goals）

黒崎 岳大〈著〉

学文社

まえがき

―グローバル社会における常識としての SDGs―

21 世紀もはや 20 年が過ぎ，日本の教育の世界でも変革が求められている。グローバル社会の進展に伴い，学生たちに「グローバル・スタンダード」となるようなものごとの見方や知識を身につけさせることが必要不可欠となってきている。

その中で，現在この「グローバル・スタンダード」となりうる基準・物差しとして注目されているのが，国連の持続可能な開発目標（SDGs）である。2030 年の目標達成に向け，世界各国で SDGs の議論は本格化し，日本国内でも産官学をあげて，この基準に適した事業の推進が進められている。教育現場においても，遅ればせながらこのグローバル社会で生きていく上で必須の知識として学習することが求められるようになった。

小学校では 2020 年度，中学校では 2021 年度，そして高校では 2022 年度から，「新学習指導要領」が全面実施された。それに伴い「持続可能な社会の創り手の育成」が明記され，SDGs の担い手を教育の現場から育成することが目指されるようになったのである。

このような状況で SDGs に対する教育が最も遅れているのは大学教育並びに社会人教育の分野ではないか。2030 年に向けて SDGs の目標達成を成し遂げるリーダーとして期待される世代が，SDGs への理解が不十分では，国際社会における日本のポジションはますます低下しかねないであろう。本書は，こうした危機感に基づいて，SDGs 初学者の大学生に対して，SDGs をめぐる体系を把握し，グローバル社会で生きていく上で最低限度理解していくべき SDGs の基本概念について学ぶための入門書として作成したものである。

本書では，初学者が基本的な SDGs の議論を網羅的に理解し，自分たちの身近な問題や関心のある課題へ応用できるよう構成されている。直面する課題に

対して，SDGs の知識を使いながら，自らの頭で考え，自分なりの意見を作り
上げられる主体的な若者が一人でも多く育っていってもらえれば幸いである。

2021 年 2 月吉日

著　　者

第二版刊行にあたって

　本書の初版を出して 2 年となる。この間，猛威を振るっていた新型コロナウイルス感染症も落ち着きを見せてきた一方，2022 年 2 月からはロシアによるウクライナ侵攻が始まるなどグローバル社会に新たな課題を引き起こしている。SDGs に関しても初版出版時には国内における SDGs に対する知名度はまだ高いとは言えないものであったが，マスメディアでの積極的な広報活動も功を奏して，現在はほとんどの国民が SDGs という名前は十分に認識している段階には来ている。私が授業を担当している大学生の間でも SDGs という名前はもちろん，その課題の重要性を認識し，授業で学んだ知識をもとに自ら社会活動に参加し，実践している者も増えてきた。こうした大学生の意識変革に本書が少しでも役立っているとすれば大変喜ばしいことである。

　他方で，この間，内容の上でも訂正・加筆が必要な部分が出てきた。とりわけ「第 2 章　世界と日本の SDGs への取り組みの現状」の章における「2．世界各地の SDGs の達成に向けた現状」および「3．日本における SDGs への取り組み」の各項では 2021 年現在での状況に基づいて執筆したものであった。この間，世界各国並びに日本国内での状況は変化している。特に日本国内では，「③ SDGs 未来都市」も初版時と比べ大幅に増加している（これに伴い，『SDGs 未来都市』のリストも巻末に移している。）。その他，各章内の「3．日本における具体的な取り組み」も 2023 年現在として加筆修正している。これらに加え各章に少しずつ加筆訂正すべき部分が出てきたことから，今回の第 2 版において改訂することとした。今回の改訂版を通じて，多くの読者が SDGs に対する関心をさらに高めることにつながれば筆者としても幸甚である。

　2021 年 2 月吉日

著　　者

目　次

まえがき―グローバル社会における常識としての SDGs―　　　　　　　　　　ⅰ

第二版刊行にあたって　　　　　　　　　　　　　　　　　　　　　　　　　ⅲ

第1章　SDGs をめぐる基本概念　　　　　　　　　　　　　　1

1. SDGs とは何か ……………………………………………………………… 2

2. SDGs 成立までの歴史 ……………………………………………………… 3

　2.1.　ミレニアム開発目標（MDGs）　3／2.2.　MDGs から SDGs へ　5／
　2.3.　SDGs の特徴　6

3. SDGs を支える基本的な考え方 …………………………………………… 7

　3.1.　「経済」・「社会」・「環境」のバランス　7／3.2.　「5つのP」　8／
　3.3.　「誰ひとり取り残さない」世界を目指して　9／3.4.　「すべての目標はつな
　がっている」という意識　10／3.5.　民間セクターやビジネス分野の重視　11

コラム：持続可能な社会を理解する上でのキーワード …………………… 12

第2章　世界と日本の SDGs への取り組みの現状　　　　　　13

1. 2023 年現在の SDGs の達成状況―「Sustainable Development Report」
　を読む― ……………………………………………………………………… 14

2. 世界各地の SDGs 達成に向けた現状 ……………………………………… 15

　2.1.　OECD 加盟国（西欧・米国地域）　15／2.2.　東・南アジア地域―中国・
　インド・ASEAN を中心に―　15／2.3.　中東・北アフリカ地域　16／2.4.　東
　欧・中央アジア地域　16／2.5.　中南米カリブ海地域　17／2.6.　中・南部アフ
　リカ地域　17／2.7.　オセアニア地域　17

3. 日本における SDGs への取り組み ………………………………………… 18

　3.1.　日本の SDGs の現状　18／3.2.　SDGs 達成に向けた日本政府の取り組み
　18

第3章　目標1　貧困をなくそう　　　　　　　　　　　　　　23

1.　概　　要 --- 24

　　1.1.　基本的な考え方　24／1.2.　貧困×観光＝途上国訪問から考える現代の幸
　　福観―貧困＝不幸せか―　25

2.　目標1に向けたSDGsにおける目標と方策 --------------------------------- 27

3.　日本における具体的な取り組み -- 27

国際理解コラム：キリバス共和国 -- 29

第4章　目標2　飢餓をゼロに　　　　　　　　　　　　　　　　31

1.　概　　要 --- 32

　　1.1.　基本的な考え方　32／1.2.　飢餓×観光＝生産地訪問から地産地消へ
　　―グリーンツーリズムの可能性―　33

2.　目標2に向けたSDGsにおける目標と方策 --------------------------------- 34

3.　日本における具体的な取り組み -- 35

国際理解コラム：ミクロネシア連邦 -- 37

第5章　目標3　すべての人に健康と福祉を　　　　　　　　39

1.　概　　要 --- 40

　　1.1.　基本的な考え方　40／1.2.　健康×観光＝メディカルツーリズムとケア
　　ツーリズム（新たな観光の可能性・途上国からの観光客を誘引）　41

2.　目標3に向けたSDGsにおける目標と方策 --------------------------------- 43

3.　日本における具体的な取り組み -- 43

国際理解コラム：フランス領ポリネシア（タヒチ） ------------------------------ 45

第6章　目標4　質の高い教育をみんなに　47

1. 概　要 -- 48

1.1.　基本的な考え方　48／1.2.　教育×観光＝異文化に身を置いて学ぶ／働く
ことの意義　50

2. 目標4に向けたSDGsにおける目標と方策 -------------------------- 51

3. 日本における具体的な取り組み ------------------------------------ 52

国際理解コラム：ニウエ --- 54

第7章　目標5　ジェンダー平等を実現しよう　57

1. 概　要 -- 58

1.1.　基本的な考え方　58／1.2.　ジェンダー×観光＝「観光のイノベーション
は女性の視点から」　59

2. 目標5に向けたSDGsにおける目標と方策 -------------------------- 61

3. 日本における具体的な取り組み ------------------------------------ 61

国際理解コラム：ニューカレドニア ------------------------------- 63

第8章　目標6　安全な水とトイレを世界中に　65

1. 概　要 -- 66

1.1.　基本的な考え方　66／1.2.　水×観光＝観光資源としてのおいしい水
―秦野市の事例から―　67

2. 目標6に向けたSDGsにおける目標と方策 -------------------------- 68

3. 日本における具体的な取り組み ------------------------------------ 68

国際理解コラム：ツバル --- 70

第9章　目標7　エネルギーをみんなに そしてクリーンに　　73

1.　概　　要 -- 74
　　1.1.　基本的な考え方　74／1.2.　エネルギー×観光＝発電技術を理解するための
　　観光ツアーの活用　75
2.　目標7に向けたSDGsにおける目標と方策 -------------------------------- 76
3.　日本における具体的な取り組み -- 77
国際理解コラム：クック諸島 -- 79

第10章　目標8　働きがいも経済成長も　　81

1.　概　　要 -- 82
　　1.1.　基本的な考え方　82／1.2.　雇用×観光＝観光がもたらす地域産業　83
2.　目標8に向けたSDGsにおける目標と方策 -------------------------------- 84
3.　日本における具体的な取り組み -- 85
国際理解コラム：トンガ王国 -- 87

第11章　目標9　産業と技術革新の基盤をつくろう　　89

1.　概　　要 -- 90
　　1.1.　基本的な考え方　90／1.2.　インフラ×観光＝直行便が観光地を作る
　　―観光と交通網の関係―　91
2.　目標9に向けたSDGsにおける目標と方策 -------------------------------- 92
3.　日本における具体的な取り組み -- 93
国際理解コラム：ナウル共和国 -- 95

第12章　目標10　人や国の不平等をなくそう　　97

1. 概　　要 --- 98

　1.1.　基本的な考え方　98／1.2.　格差×観光＝ハイエンド層を重視した観光推進
　をめぐる光と影　99

2. 目標10に向けたSDGsにおける目標と方策 ------------------------------- 100

3. 日本における具体的な取り組み --- 100

国際理解コラム：フィジー共和国 --- 103

第13章　目標11　住み続けられるまちづくりを　　105

1. 概　　要 -- 106

　1.1.　基本的な考え方　106／1.2.　都市×観光＝世界遺産（オーバーツーリズム
　をめぐる観光のあり方〈京都や奈良〉）　107

2. 目標11に向けたSDGsにおける目標と方策 ------------------------------- 108

3. 日本における具体的な取り組み --- 109

国際理解コラム：パプアニューギニア独立国 ----------------------------- 111

第14章　目標12　つくる責任つかう責任　　113

1. 概　　要 -- 114

　1.1.　基本的な考え方　114／1.2.　消費×観光＝軍艦島ツアー（大量生産社会の
　姿をみる）　115

2. 目標12に向けたSDGsにおける目標と方策 ------------------------------- 116

3. 日本における具体的な取り組み --- 117

国際理解コラム：サモア独立国 --- 119

第 15 章　目標 13　気候変動に具体的な対策を　　　　　　　121

1. 概　　要 --- 122

　1.1.　基本的な考え方　122／1.2.　気候変動×観光＝ダイビングショップによる
　気候変動問題へのチャレンジ　123

2. 目標 13 に向けた SDGs における目標と方策 ----------------------------- 125

3. 日本における具体的な取り組み --- 125

国際理解コラム：マーシャル諸島共和国 --------------------------------- 127

第 16 章　目標 14　海の豊かさを守ろう　　　　　　　　　　131

1. 概　　要 --- 132

　1.1.　基本的な考え方　132／1.2.　海洋保全×観光＝「ふだいわかめ」を育てる
　里山・里海—北三陸・普代村の取り組み—　134

2. 目標 14 に向けた SDGs における目標と方策 ----------------------------- 135

3. 日本における具体的な取り組み --- 136

国際理解コラム：パラオ共和国 --- 138

第 17 章　目標 15　陸の豊かさも守ろう　　　　　　　　　　141

1. 概　　要 --- 142

　1.1.　基本的な考え方　142／1.2.　陸上保全×観光＝エコツーリズムからコミュ
　ニティベース観光へ—沖縄・西表島の事例から—　143

2. 目標 15 に向けた SDGs における目標と方策 ----------------------------- 145

3. 日本における具体的な取り組み --- 145

国際理解コラム：ソロモン諸島 --- 148

第18章　目標16　平和と公正をすべての人に　　151

1. 概　　要 -- 152
　1.1.　基本的な考え方　152／1.2.　平和×観光＝ダークツーリズムから共感に基づいた交流のツーリズムへ：慰霊巡拝の事例から　153

2. 目標16に向けたSDGsにおける目標と方策 ------------------------------ 154

3. 日本における具体的な取り組み -------------------------------------- 155

国際理解コラム：バヌアツ共和国 --------------------------------------- 157

第19章　目標17　パートナーシップで目標を達成しよう　　161

1. 概　　要 -- 163
　1.1.　基本的な考え方　163／1.2.　パートナーシップ×観光＝日本による世界貢献を実感する旅—ODA視察ツアー—　164

2. 目標17に向けたSDGsにおける目標と方策 ------------------------------ 165

3. 日本における具体的な取り組み -------------------------------------- 166

国際理解コラム：太平洋諸島 --- 169

第20章　SDGsの将来　　171

1. 2020年とSDGs—コロナウイルスがもたらした国際社会の変容とSDGsの関係— -- 172

2. バックキャスティングな見方で考える2030年の姿 ------------------------ 174

3. ポストSDGsに向けて我々ができること ------------------------------- 176

コラム：SDGsウォッシュをめぐる議論 --------------------------------- 180

参考文献・引用文献 --- 183
あとがき --- 185
付　1.　太平洋諸国の地図　　186／2.　SDGs未来都市（2018〜2023年度）　196

第1章　SDGsをめぐる基本概念

そもそも，SDGsとは何なのかなあ？　どうして世界中の人々がこうした考えを持つようになったのだろう？

1. SDGs とは何か

まずは SDGs という言葉の意味から考えてみよう。

SDGs とは，「Sustainable Development Goals」の頭文字をとった略称で，日本語では「持続可能な開発目標」と訳される。「持続可能な開発」という言葉が登場したのは 1987 年である。この年，国際連合（以下，国連）の「環境と開発に関する世界委員会」が発表したのが，「Our Common Future（われら共有の未来）」という報告書であった。

委員長（当時のノルウェー首相）の名にちなんで「ブルントラント・レポート」とも呼ばれる報告書で紹介された，中心的な考え方こそが「持続可能な開発」であった。報告書に従えば，「将来の世代のニーズを満たしつつ，現在の世代のニーズも満足させるような開発」と定義された（高柳・大橋 2018）。

次に，「S」・「D」・「G（s）」というそれぞれの意味を考えてみたい。『知ってますか？ SDGs』(2018) において，それぞれの語の意味するところが端的にまとめられている。

S………「Sustainable」サステイナブル（持続可能な）

サステイナブルとは，英語の意味では本来「ある資源を利用するときに，環境に悪い影響を与えず，使い尽くすことなく，継続的に利用できる」ということである。将来の世代にも，今と同じように利用できるようにという部分が重要で，将来のためには，使い尽くさないだけではなく，新たに育てること，現在の悪い環境を改善することなども必要としている。SDGs の説明で「持続可能な」という言葉が使われている場合，「将来に向けて，良い状態で，続けることができるような」という意味が含まれている。

D………「Development」ディベロップメント（開発）

ディベロップメント（開発）は，英語でもさまざまな意味をもっている。研究開発や都市開発などで使われる「開発」や，生物の「発達」や「成長」，「発

達した状態」,「発展して生まれるもの」, 事業などの「発展」,「物事の進展」などがあげられる。つまり,「開発」という言葉は,「今ある状態からもっと良い形に変わること, 変えていく取り組み」を表している。SDGs の説明で「開発」という言葉が使われている場合,「物事が良い形に広がっていく」ことを意味している。

G（s）………「ゴール（ズ）」（目標）

　ゴールズ（目標）とは,「目指すところ, 目標」と言い換えられる。SDGs では, 17 個の目標が掲げられているので, 複数形（s）となっている。

2.　SDGs 成立までの歴史

　SDGs という考え方が国際社会の中で認知され, 今日のように多くの人々が達成に向けて取り組む目標となるまでには, さまざまな考え方が土台として存在してきた。ここでは, SDGs の前身である MDGs（ミレニアム開発目標）が生まれた経緯, MDGs から SDGs に発展していった経済ならびに SDGs の特徴を見ていきたい。

2.1.　ミレニアム開発目標（MDGs）

　1990 年代に入ると, 国際社会をめぐり大きな変化が生じることになった。1991 年にソビエト連邦（ソ連）が崩壊し, 第二次世界大戦後から続いてきたアメリカ合衆国（米国）とソ連をそれぞれの中心とする東西冷戦の時代が終わることになる。それ以降は米国が超大国となる一方で, 地球規模で起きる多様な課題に人々の目が向けられるようになる。第二次世界大戦後から冷戦期において, 欧米や日本などの先進国は経済成長を重視してきたことにより, 各地で環境問題が指摘されるようになっていた。

　こうした地球環境に危機に呼応した形で, 1992 年にブラジル・リオデジャネイロで国連環境開発会議（UNCED, 通称地球サミット）が開催された。172 カ国の政府代表が集まり議論が行われ,「環境と開発に関するリオ宣言」及び

✎ ポイント

表1-1　MDGs における8つの目標

目標1	極度の貧困と飢餓の撲滅
目標2	初等教育の完全普及の達成
目標3	ジェンダー平等推進と女性の地位向上
目標4	乳幼児死亡率の削減
目標5	妊産婦の健康の改善
目標6	HIV/エイズ，マラリア，その他の疾病の蔓延の防止
目標7	環境の持続可能性確保
目標8	開発のためのグローバルなパートナーシップの推進

実現のための行動計画「アジェンダ21」が採択された。宣言では，環境と開発は不可分であるとされ，その後の持続可能に関するさまざまな議論の拠り所となる27の原則が決められた。同時にSDGsにも影響を与える「気候変動枠組条約」や「生物多様性条約」も採択されている（蟹江 2020）。

　2000年9月，新たな千年紀を迎えるにあたり，国連の役割を話し合うために，ニューヨークで開催されたのが「国連ミレニアム・サミット」である。同会合には，世界189カ国の代表が出席し，その成果文書として「国連ミレニアム宣言」が採択された。そして，この宣言をもとに，2001年に途上国の開発のための8つの目標として策定されたのが「ミレニアム開発目標」，いわゆるMDGsである。

　MDGsはその達成期限を2015年までとしつつ，成果重視型の数値目標を設定した。MDGsでは，2015年までに達成すべき課題として，貧困と飢餓，初等教育，ジェンダー，乳幼児・妊産婦の健康，病気などに関する8つの目標・21のターゲット・60の指標が設定された。

　MDGsの成果，各目標の達成状況については，目標1の中の「極度な貧困者の半減」や，目標7の中の「安全な飲料水」を利用できない人口の半減など限られたものであったが，初等教育の就学率の向上や乳幼児死亡率と妊産婦死亡率の低下などに改善がみられるなど一定の成果を生んだ。一方で，多くの課題も明らかになった。母子保健，衛生の分野などで達成率の低さが目立った。そして国や地域，性別，年齢などの違いで目標の達成度合いにばらつきが生じていることも分かった。地域別では，東アジア，東南アジア，ラテンアメリカ，

✏ ポイント

表1-2　MDGs の達成された成果と残された課題

改善された点	残された課題
世界全体では極度の貧困の半減を達成	国内での男女，収入，地域格差の存在
世界の飢餓人口は減少し続けている	5歳未満児死亡率は減少するも，目標達成には遠い
不就学児童の総数はほぼ半減	妊産婦の死亡率は低減に遅れ
マラリアと結核による死亡者数は大幅に減少	改良された衛生施設へのアクセスは十分ではない
安全な飲料水を利用できない人の割合の半減を達成	

中央アジアの達成率が高いのに対し，サハラ以南のアフリカや南アジア，オセアニアで達成状況が悪かった（高柳・大橋 2018）。

　このように残された課題や新たなを問題が提示される中で，MDGs に対して途上国側から不満の声が沸き上がってきた。一つには，MDGs の策定が先進国を中心に国連の職員主導で行われてきたため，途上国側の意見が必ずしも十分に反映されていないのではないかという点である。また途上国の開発に目を向けているとはいえ，先進国内にも課題が存在しているにもかかわらず，そのことは議論されていないという点も指摘された。とりわけ環境問題など先進国が責任も持つべき問題に関しては内容的にも不十分であり，目標達成のための実施手段（資金協力・技術移転）が非常に弱いと指摘された（南・稲場 2020）。

2.2. MDGs から SDGs へ

　途上国側からの MDGs に対する不満を受けて，2015 年の目標達成期限を前に，ポスト MDGs と呼ばれる新たな枠組みを策定する動きが進められていく。その契機となったのが 2012 年リオデジャネイロで開催された「国連持続可能な開発会議」(リオ + 20) である。同サミットの準備会合の段階で，コロンビアやグアテマラの政府から，リオ + 20 の成果として，SDGs が策定された。サミットでは，SDGs の決め方をめぐり先進国（専門家主導）と途上国（加盟国全体の政府間交渉）の間で対立したが，地域バランスを取りながら加盟国から指名

✏ ポイント

表1-3　MDGs と SDGs の違い

MDGs（ミレニアム開発目標）	SDGs（持続可能な開発目標）
2001〜2015 年	2016〜2030 年
8 ゴール・21 ターゲット	17 ゴール・169 ターゲット
シンプルで明快	包括的で，互いに関連
途上国の目標	すべての国の目標（ユニバーサリティ）
国連の専門家主導	国連全加盟国で交渉/実施手段（資金・技術）

される 30 人の専門家で構成されるオープン作業部会を設置し，2014 年までに SDGs を提案する報告書を提出するということで合意された（南・稲場 2020）。

　2013 年 3 月より 13 回にわたりオープン作業部会が開催され，各分野の専門家からの情報提供や意見交換を実施するなど，しっかりとした議論と交渉が行われ，17 の目標，169 のターゲットを持つ持続可能な開発目標（SDGs）」にまとめられた。そして，2015 年 9 月に開催された国連サミットで成果文書「持続可能な開発のための 2030 アジェンダ」が採択され，2030 年を目標達成期限とする SDGs が誕生したのである。

2.3.　SDGs の特徴

　SDGs の特徴を考える上では，MDGs との間で比較してみることは有益である。両者の違いとして，策定のプロセスに大きな違いがある。国連専門家の主導で策定された MDGs に対し，SDGs はオープン作業部会において，政府や国際機関以外に，NGO や民間企業なども積極的に議論に参加し策定された。これは，MDGs が国連主導で作られたことに対する反省点に基づくものであった。

　また，MDGs は途上国を対象としているのに対し，SDGs は先進国を含むすべての国や地域を対象としている。MDGs においては見過ごされてしまった先進国の国内問題も包含している点があげられる。ゆえに SDGs は世界各国における「持続可能な開発」を比較する「ものさし」としての役割を果たすことができる。

　目標やターゲットの数も，MDGs の 8 目標・21 ターゲットから SDGs の 17
目標・169 ターゲットに拡大している。また内容の面でも MDGs が途上国の
生活状況改善に焦点を絞ったシンプルで明快であるのに対し，SDGs は包括的
でかつ，各目標・ターゲットが互いに関連し合っている。

 3. **SDGs を支える基本的な考え方**

　どれほど優れた考え方であっても，実際に多くの国や団体，個人がそれを達
成するために実行しなくては宝の持ち腐れである。そこで，SDGs を理解する
上で基本となっている考え方のいくつかを取り上げて，SDGs にどのように関
係しているのかを考えてみよう。

3.1.　「経済」・「社会」・「環境」のバランス

　持続可能な開発では「経済」「環境」「社会」という 3 つの要素のバランスがと
れていないと達成できない。

　例えば「開発」という言葉を聞けば真っ先に「経済」のことを思い浮かべる
だろう。確かに「経済」の成長は各国に人々が生活をしていく上で重要なエン
ジンとなっている。経済成長がままならない国では，そこに住む人々に基本的
なサービスを提供できず，治安の悪化など社会的不安に陥っているケースも多
い。その一方，著しい経済成長を成し遂げた国々であっても，特定のエリート
層に富が集中し，その裏で十分な収入を得られず貧困に苦しんでいる人々もい
る。こうした格差が社会不安を作り出してしまっているケースもある。

　また「持続可能な開発」のためには，我々を取り巻く環境の保全にも力を入
れる必要がある。経済成長に力を入れるあまり，過剰なまでの森林開発や鉱物
採掘も行い，その結果，貴重な動植物が絶滅してしまった過去の暗い歴史を人
間は歩んできたことも忘れてはいけない。また環境保護についても，積極的に
推進するべきと考える人もいれば，経済成長のためには犠牲にしてもやむをえ
ないと考える人々もいる。「経済成長」と「環境保護」のいずれかのみに固執
することは，結果として社会の分断を生んでしまいかねない。このように

SDGs の目標を達成するためには，「経済成長」「環境保護」「社会的包摂」のバランスを考慮していくことが重要である。

　なお 17 の目標を，上述の「経済」「環境」「社会」という 3 つの層として分類し，総合的に捉える「SDGs ウェディングケーキモデル」という見方もある。これはストックホルム・レジリエンス・センターのヨハン・ロックストローム氏らによって提唱されたモデルで，我々が暮らす世界は，まず「環境」が土台にあって，その上に「社会」や「経済」が成り立っていることを示している（蟹江 2020）。持続可能な経済成長は，我々を取り巻く環境の維持・管理や社会の安定の上で成り立っていることが理解できるだろう（なお参考として，経済・社会・環境の 3 層構造を木で示した模式図を口絵（図 1）で紹介した（『環境省環境研究総合推進費戦略研究プロジェクト「持続可能な開発目標とガバナンスに関する総合的研究」』を基に筆者作成）。

3.2. 「5つのP」

　「持続可能な開発のための 2030 アジェンダ」では，その前文で「5 つの P」，すなわち「人間（People）」「豊かさ（Prosperity）」「地球（Planet）」「平和（Peace）」「パートナーシップ（Partnership）」について触れている。SDGs の 17 の目標もこの「5 つの P」に整理できる（口絵図 2）。

（A）「人間（People）」——あらゆる形態と次元の貧困と飢餓に終止符を打つとともに，すべての人間が尊厳を持ち，平等に，かつ健全な環境の下でその潜在能力を発揮できるようにする（目標 1，2，3，4，5 および 6）。

（B）「豊かさ（Prosperity）」——すべての人間が豊かで充実した生活を送れるようにするとともに，自然と調和した経済，社会および技術の進展を確保する（目標 7，8，9，10 および 11）。

（C）「地球（Planet）」——持続可能な消費と生産，天然資源の持続可能な管理，

気候変動への緊急な対応などを通じ，地球を劣化から守ることにより，現在と将来の世代のニーズを充足できるようにする（目標12，13，14および15）。

（D）「平和（Peace）」——恐怖と暴力のない平和で公正かつ包摂的な社会を育てる。平和なくして持続可能な開発は達成できず，持続可能な開発なくして平和は実現しないため（目標16）。

（E）「パートナーシップ（Partnership）」——グローバルな連帯の精神に基づき，最貧層と最弱者層のニーズを特に重視しながら，すべての国，すべてのステークホルダー，すべての人々の参加により，持続可能な開発に向けたグローバル・パートナーシップをさらに活性化し，このアジェンダの実施に必要な手段を動員する（目標17）。

3.3. 「誰ひとり取り残さない」世界を目指して

　SDGsでは，「No one will be left behind」，つまり「誰ひとり取り残さない」という理念が掲げられている。途上国だけではなく先進国のニーズも満たしながら，互いに関連し合う17の目標を総合的に取り組むべきであることを示している（高柳・大橋 2018）。

　MDGsでは途上国の社会・経済的状況の改善に向けての8つの目標を掲げて，その達成度合いで先進国からの経済支援などが向けられた。しかし，上述の通り，先進国に目を向けると，必ずしもそこに住む人々が一様ではない。首都などの都市にはさまざまな性別や年齢，民族，宗教などの背景をもった人々が存在する。SDGsは先進国に住む人々にも光を当てて，そこで少数派ゆえに不公平・不公正な状況になっている人々の改善にも力を注げるようにしようという考えである。また途上国のなかでも，そこに住む人々は決して一様ではない。その国の地域の大多数を占める民族出身者もいれば，地方から出てきた少数民族の人々もいる。また同じ民族のなかでも性別や年齢，障がい者と健常者の違いなどが存在している。

概して社会のルールを決めたり，経済的な利益を分配する場合には多数派の意見が通りやすく，少数派の意見や利益は無視されたり，十分に代弁されないケースが多い。少数派の意見にも耳を傾け，すべての人が利益を享受できるようにすることが，持続可能な開発にとって重要なのである。

3.4. 「すべての目標はつながっている」という意識

SDGs の目標は 17 個あるが，それぞれが決してひとつずつ単独で存在しているわけではない。各目標は相互に関連しつながっているのだ。

例えば，「目標 16　平和と公正をすべての人に」という目標が不十分であったとしよう。戦争や内戦状況にある社会では，人々に十分な食料供給（目標 2）や保健衛生（目標 3），教育（目標 4）を受けさせることができない。また政府が混乱状況にあるため安全な水を供給したり，経済成長を成し遂げることができる仕事（目標 8）や産業（目標 9）を生み出すことができない。公正な裁判制度などもままならないと，社会的な不利益は女性たち（目標 5）や障がい者たち（目標 10）に大きな不利益となってかぶさってくる。このように，ひとつの目標の不十分が，他の目標の達成に不利益をもたらすのである。

反対に，ひとつの目標が改善されると，他の目標に良い影響を波及的に与えるケースもある。「目標 15　陸の豊かさも守ろう」を達成する努力を考えてみよう。森林などの無秩序な不法伐採をなくすことで，気候変動問題への具体的な対策となるのみならず（目標 13），森林保全は，下流の水の管理につながる（目標 6）。そして森からの豊富なミネラルが海にそそぐことで，海洋資源の豊かさにつながる（目標 14）。その海洋資源を利用した観光などの新たな持続可能な産業も生まれる（目標 8，9）。そしてこの海洋資源を利用する人々の生活も向上することに波及していくのである。

なお，本書の 3〜19 章における各 SDGs 目標の概説の中で，17 の目標がつながっていることを理解しやすくするため，「観光」を共通テーマとして，17 の目標それぞれが「観光」という事象とどのように関与し合っているかについて，筆者が経験してきた事例を交えながら説明している。

3.5.　民間セクターやビジネス分野の重視

　最後に，SDGsで強調された点として，問題解決に向けて民間セクターのより主体的な参加を求められていること，および貿易・投資などの民間ビジネスにより促進することを求めている点があげられる。

　MDGsでは主として途上国における社会開発の向上を目標としていた面が強かったこともあり，対応の担い手として想定されていたのは国ベースであった。すなわち，先進国は途上国に対して政府開発援助（ODA）などの手段を使い，経済協力を実施していくことが中心であった。しかし，実際に途上国が持続可能な経済開発を進めていく上では，いつまでも先進国からのODAに依存したままでは成長にも限界がある。また現実にも先進国から途上国への資金の流れを見た場合，2014年の事例でいえば，ODA支出純額約1,380億米ドルであるのに対して，ビジネス等の成果に伴う貿易や投資の額を反映している民間資金は約4,100億米ドルにまで上っている。途上国全体でSDGsを達成するために必要な資金は年間3〜4兆米ドルといわれていることから，SDGsにおいては先進各国の自己資金とともに，民間セクターからの貿易・投資の増加をより重視している。

　SDGsで「目標8」に経済成長とディーセント・ワークがあげられるなどMDGsにはなかった成長や雇用の課題に向けて，民間セクターの役割の重要性が示されている（高柳・大橋 2018）。

　このようにSDGsの達成に向けて民間セクターの役割を期待する姿勢を唱えている。ただし，民間企業にとってはあくまで営利目的を優先されなくてはならないことを忘れてはならない。どれほど社会や環境にとって重要なことであっても，損失ばかりで企業の運営に過剰な負担を課すような市場の状況では，企業側も参加に二の足を踏むことになるだろう。ゆえに民間セクターをSDGsに巻き込んでいくためには，例えばSDGsに貢献する企業に対しては，国際金融市場や株式市場で有利になるような，企業活動にとってインセンティブを与えるビジネス環境が構築されることが必要となるだろう。

☕ コラム：持続可能な社会を理解する上でのキーワード

①サーキュラーエコノミー（循環型経済）

　生産や消費の過程で廃棄されてきた製品や原材料を，新たな資源として捉え，廃棄物を出すことなく資源を循環させる経済のしくみ。従来唱えられてきた 3R 運動とは異なり，原材料調達・製品デザインの段階から回収・資源の再利用を前提と，廃棄ゼロを目指しているというところが注目されている考え方である。

② Society5.0

　仮想空間と現実空間を高度に融合させたシステムにより，経済発展と社会課題の解決を両立する，人間中心の社会のこと。狩猟社会（Society1.0），農耕社会（Society2.0），工業社会（Society3.0），情報社会（Society4.0）に続く，新たな社会を指すものである。第 5 期科学技術基本計画において日本が目指すべき未来社会の姿として提唱されている。なお，社会課題の解決や人・機械・自然の共生を目指す「Society5.0」は，SDGs の達成にも貢献し，関連して語られることが多い。

③グリーンリカバリー

　新型コロナウイルスで打撃を受けた社会・経済を，単に以前の世界に戻すのではなく，気候変動を抑制し，生態系を守りながら立て直していこうという考え方。EU（欧州連合）がけん引役となり，国連も加盟各国に対して取り組むことを促している。多くのグローバル企業もグリーンリカバリーを重視しており，世界 155 社の CEO が，二酸化炭素の排出量を実質ゼロにする復興策を求める共同声明を発表している。

④デジタルトランスフォーメーション（DX）

　経済産業省によると「企業がビジネス環境の激しい変化に対応し，データとデジタル技術を活用して，顧客や社会のニーズをもとに，製品やサービス，ビジネスモデルを変革するとともに，業務そのものや，組織，プロセス，企業文化・風土を変革し，競争上の優位性を確立する」と定義づけている。経済発展と社会課題の解決を両立させる Society5.0 とも関連しており，SDGs 達成のためには DX が不可欠であるという考え方が広まっている。

（参照：SDGs 実践 NAVI StartSDGs）

第2章　世界と日本のSDGsへの取り組みの現状

SDGsの達成に向けて世界中の国々は現在どんな状況にあるんだろう。日本は，世界の国々と比べて，どのくらい目標達成に向けて進んでいるのかなあ？

　2030 年の目標年に向けて各国，地方自治体，企業，NGO/NPO，そして個人が努力を進めている。とりわけ国連に加盟している国々は，SDGs の達成に向けて具体的な目標を掲げ，実行を進めている。一方で，各国が達成を現実のものとするためには，実際に自分たちの現在の立ち位置を知り，どの点は達成に向けて順調に進んでいるか，どこが課題として残されているのかを理解する必要があるだろう。

　ここでは，2023 年現在の各地域における SDGs の達成に向けた状況を示し，地域ごとの特徴について述べていきたい。

1. 2023 年現在の SDGs の達成状況—「Sustainable Development Report」を読む—

　各国の SDGs の達成状況の現状について把握する上で，世界で広く利用されている指標として，「Sustainable Development Report」で発表されている「SDG Index & Dashboards（SDG I&D）」がある。これは，UN Sustainable Development Solutions Network（SDSN）とドイツ最大の財団ベルテルスマン財団によって作成されたものである。SDSN は国連の要望で 2012 年に設立された団体で，国連加盟国の SDGs やパリ協定に基づいた気候変動対策などの現状について調査し，その達成状況について報告している。

　各国の SDGs の進捗状況に関しては，目標ごとに 4 色が付けられ，それぞれ達成度を表している。すなわち緑は「目標達成」，黄は「課題が残っている」，オレンジは「重要課題」，赤は「最重要課題」の段階を意味している。各国の目標達成に向けての度合いは「緑⇒黄色⇒オレンジ⇒赤」の順番で達成に向けて深刻度（達成に向けた困難度）が増している。

　この章では以下，SDSN が 2023 年 6 月に発表した Sustainable Development Report 23（https://www.sdgindex.org/）の SDG I&D に基づき，各グループや地域ごとの特徴について述べていきたい。

2. 世界各地の SDGs 達成に向けた現状

SDGs はすべての人々の持続可能な開発に向けて取り組むべき目標が定められている。そのため先進国から途上国まですべての国々の現状での達成に向けた進捗状況を比較することが可能である。当然であるが，それぞれの国がおかれた経済状況や地理的環境，政治情勢により現時点での達成状況は異なってくる。ここでは先進国および地域ごとにみられる達成状況の特徴を見ながら，各国が SDGs に向けてどのような点を今後克服していくべきか確認していく（口絵図3参照）。

2.1. OECD 加盟国（西欧・米国地域）

OECD は1960年，欧州18カ国に米国とカナダが加わり，経済発展に尽力する組織として設立された，主に先進国からなるグループである。現在，OECD 加盟37カ国は南北アメリカから欧州，アジア・太平洋地域にまで広がっている。

他地域と比較して，社会経済的指標や基本的サービス部門に関しては，良いパフォーマンスを示している。とりわけ，教育（SDG4），および産業と技術革新（SDG9）の分野は良い結果を示している国々が多い。

その一方で，気候変動への緩和策と生物多様性に向けた対策（SDG13〜15）では一層の努力が必要とされている。SDG2（飢餓）に関しては，持続可能な食料自給が低くなるため，他の途上国等からの輸入の増加による温暖化ガスの排出量の増加や，食料資源の過剰な搾取につながってくる。

さらに近年社会的背景の違いに伴う所得間格差が問題となってきている。男女差に加え，年齢や障がいの有無などによる所得格差は拡大傾向にあり，今後十分な対応が必要となっていくだろう。

2.2. 東・南アジア地域—中国・インド・ASEAN を中心に—

東アジアおよび東南アジアは，世界経済における経済成長の牽引役ともされ

ている。その影響もあり，2015 年に比べて最も指標の改善がみられた地域である。

この地域は国の人口規模や経済規模で差が大きいため，地域内でも違いが激しい。その中でも共通してみられる特徴は，教育（SDG4），および持続可能な生産と消費（SDG12）では良いパフォーマンスがみられる。

その一方で，多くの目標で課題が残されたままである。特に飢餓（SDG2），保健衛生（SDG3），都市問題（SDG11），海洋および陸上資源保全（SDG14，15），および平和と公正（SDG16）では達成に向けた一層の努力が必要とされている。

2.3. 中東・北アフリカ地域

この地域は国ごとに違いが大きい。紛争などにより，飢餓（SDG2），保健衛生（SDG3）および平和と公正（SDG16）の面で低い達成状況となっている。紛争の影響が少ない国々では貧困（SDG1）と教育（SDG4）で高い達成状況となっている。飢餓（SDG2）の指数が非常に低いのは，砂漠地帯が主体で，野菜などを自給自足できない状況からくる過剰な輸入依存という，この地域に共通する特徴のためである。

その一方で，労働の権利や環境に対する配慮不足，言論の自由の欠如，再生可能エネルギーへの貢献の低さなどの原因があり，雇用と経済成長（SDG8）や平和と公正（SDG16），海洋および陸上資源保全（SDG14，15）では達成に向けて厳しい状況にある。ジェンダー平等（SDG5）も極めて評価が低い。

2.4. 東欧・中央アジア地域

この地域は旧共産圏の国々が多く，その影響もあり，貧困（SDG1）と都市問題（SDG11）では比較的良い評価が出ている。それに反して，陸上資源保全（SDG15）および平和と公正（SDG16）はどの国々にとっても大きな課題となっている。とりわけ，汚職や不正，言論の自由の欠如，社会的不安定さが他地域と比べて評価が低い。他地域と比べて気候変動対策から生物多様性の維持グ

ループ（SDG12〜15）は，改善に向けた早急の政策作りが必要とされている。

2.5.　中南米カリブ海地域

　この地域は教育（SDG4），ジェンダー平等（SDG5），エネルギー（SDG7）および気候変動対策（SDG13）で高い評価を得ている国が多い。その一方で国内での格差（SDG10）が拡大しており，それに伴う収入や福祉での不平等が課題である。保健衛生（SDG3）も悪化している。治安の悪さや汚職などの問題から，平和と公正（SDG16）の面も大きな課題となっている。他の地域同様，陸上資源保全（SDG15）も重要な課題である。

2.6.　中・南部アフリカ地域

　アフリカ大陸は 21 世紀の成長が見込まれる最後のフロンティアとして先進国を中心に多くの企業がビジネス機会を求めて貿易・投資を拡大しようと試みている。この地域は，SDGs がスタートした 2015 年と比べて平均的なスコアが急速に改善されている。しかしながら，この地域は社会経済指標に関わるSDG 目標（SDG1〜9）は，他地域と比べていずれも極めて低い。一部の国々では治安の悪さと社会的な紛争が原因で，平和と公正（SDG16）の指数も低い。これらの目標達成には，パートナーシップ（SDG17）の目標とともに，中・南部アフリカの国々で制度面や国内の資源や人材の流動化を進めていくことが必要である。他地域と比べて，消費活動が低く，その結果，気候変動対策（SDG12,13）では良い指標となっている。ただし，都市人口が急増していることから，都市問題（SDG11）と海洋および陸上資源保全（SDG14, 15）は悪化の傾向がみられる。

2.7.　オセアニア地域

　この地域は他地域と比べて，指標の傾向を判断する上でのデータが不足しており，十分な現状把握が困難となっている。

　判断できるデータで見る限り，気候変動対策（SDG13）では良いパフォーマ

ンスを示している。これは，小島嶼国は気候変動の影響を受けやすいというこ
ともあり，再生可能エネルギーによる国内電力の大半をまかなう動きや計画案
が出されていることが理由である。

　それに対して，中・南部アフリカ同様，社会経済指標に関わる目標（SDG1〜
9）については改善に向けたより一層の努力が必要である。

3. 日本における SDGs への取り組み

3.1. 日本の SDGs の現状

　SDGs の達成に向けて，日本でも企業や自治体，学校，NPO などでさまざ
まな取り組みが広がりつつある。

　官民を挙げた広報活動の結果もあり，SDGs に対する国民的な知名度は高
まっている。一方で，SDSN 発表の「Sustainable Development Report 2023」
によると，2023 年の達成度ランキングでは日本は 166 か国中 21 位であり，ア
ジア圏ではトップであるが，2017 年の 11 位以降，毎年順位を下げてきた。特
に，目標 5「ジェンダー平等を実現しよう」および目標 13〜15 の環境分野に
おける目標群は日本にとって最重要課題と指摘されている。

3.2. SDGs 達成に向けた日本政府の取り組み

　日本は，SDGs の達成に向けて順調に進んでいる分野もある一方で，解決に
はより一層の努力が求められる課題も複数抱えている。さらに近年世界ランキ
ングの順位が下降傾向を示しているのも気になるところである。こうした状況
を受けて，日本国内でも政府を中心に官民をあげて SDGs の達成に向けてさま
ざまな努力がなされている。ここでは，特筆すべきいくつかの取り組みについ
て紹介したい。

① 「SDGs 実施指針」と「SDGs アクションプラン」

　2015 年の SDGs 採択後，日本政府は国内の基盤整備に取り組んだ。2016 年
5 月に総理大臣を本部長，官房長官および外務大臣を副本部長とし，全閣僚を

構成員とする「SDGs 推進本部」を設置し，国内と国際の両面で取り組む体制
を整えた。この推進本部のもと，行政，民間セクター，NGO・NPO，有識者，
国際機関，各種団体等を含む幅広いステークホルダーによって構成される
「SDGs 推進円卓会議」を経て，2016 年 12 月，日本の取り組みの指針となる
「SDGs 実施指針」を決定した（南・稲場 2020）。

　「SDGs 実施指針」には SDGs の達成に向けた 8 つの優先課題が掲げられて
いる。すなわち，①あらゆる人々が活躍する社会・ジェンダー平等の実現，②
健康・長寿の達成，③成長市場の創出，地域活性化，科学技術イノベーション，
④持続可能で強靭な国土と質の高いインフラの整備，⑤省・再生可能エネル
ギー，防災・気候変動対策，循環型社会，⑥生物多様性，森林，海洋等の環境
の保全，⑦平和と安全・安心社会の実現，⑧ SDGs 実施推進の体制と手段，で
ある。そして，この 8 つの優先課題に対して推進される具体的な施策を示した
ものが「SDGs アクションプラン」である。

　SDGs アクションプランは，2017 年 12 月に「SDGs アクションプラン 2018」
が発表されて以降，毎年 12 月に翌年分が公表されている。プランの目的は
SDGs の達成と「日本の SDGs モデルの構築」である。中でも，SDGs2018〜
20 では，日本の SDGs モデルの中核となる 3 本柱として以下の 3 項目が示さ
れ，SDGs の国内実施と国際協力に対する方向性が示されている。

Ⅰ．ビジネスとイノベーション〜SDGs と連動する「Society5.0」の推進
Ⅱ．SDGs を原動力とした地方創生，強靭かつ環境に優しい魅力的なまちづくり
Ⅲ．SDGs の担い手としての次世代・女性のエンパワーメント

　なお 2023 年 3 月，「SDGs アクションプラン 2023」が定められ，上述の「5
つの P」に基づく重点項目が発表された。(https://mofa.go.jp/mofaj/gaiko/oda/
sdgs/pdf/SDGs_Action_Plan_2023.pdf 2023 年 7 月 1 日閲覧)

② 「ジャパン SDGs アワード」

　SDGs の理念に共感し，自らも積極的に取り組もうという意思を持つ企業や
団体が出てきたときに，その成果や努力を認め，さらなる一歩を踏み出してい

く自信を持たせることは大事なことである。そうした中で日本政府（SDGs推進本部）が毎年SDGsに積極的に取り組んでいる企業や団体に対して表彰するために作られたのが，「ジャパンSDGsアワード」である。本件の趣旨および決定方法については以下のように示されている。

「ジャパンSDGsアワードは，持続的可能な開発目標（SDGs）達成に向けた企業・団体等の取組を促し，オールジャパンの取組を推進するために，2017年6月の第3回SDGs推進本部において創設が決定されました。（中略）NGO・NPO，有識者，民間セクター，国際機関等の広範な関係者が集まるSDGs推進円卓会議構成員から成る選考委員会の意見を踏まえて決定されます。」

（https://mofa.go.jp/mofaj/gaiko/oda/sdgs/award/index.html 2023年7月1日閲覧）

③「SDGs未来都市」

「SDGs未来都市」は，内閣府地方創生推進室が，SDGsの達成に取り組んでいる自治体を選定する制度。「持続的な経済社会の推進を図るために，その優れた取り組みを世界中に発信していく」ことを目的としている。

「SDGs未来都市」は，2018年から2023年の6年間で，毎年30前後の自治体が選定された。またこの中から，特に先導的な事業を，毎年10事業ずつ「自治体SDGsモデル事業」として選定している。（https://chisou.go.jp/tiiki/kankyo/index.html 2023年7月1日閲覧）

なお，日本の企業，自治体，NGO/NPO，メディア等によるSDGsの取組を紹介した「JAPAN SDGs Action Platform」（https://www.mofa.go.jp/mofaj/gaiko/oda/sdgs/index.html）がある。本書でも，日本の企業・団体による優れた取組事例を，各団体のHPやパンフレットを参照しながら，各章の「日本における具体的な取り組み」の中で紹介している。

✎　ポイント

表2-1　SDGs未来都市・自治体SDGsモデル事業選定都市（2018～2023年度）

（2018年度SDGs未来都市）（全29都市・モデル事業10都市）

北海道ニセコ町	北海道	静岡県浜松市
北海道下川町	北海道札幌市	愛知県豊田市
神奈川県	宮城県東松島市	三重県志摩市
神奈川県横浜市	秋田県仙北市	大阪府堺市
神奈川県鎌倉市	山形県飯豊町	奈良県十津川村
富山県富山市	茨城県つくば市	岡山県岡山市
岡山県真庭市	石川県珠洲市	広島県
福岡県北九州市	石川県白山市	山口県宇部市
長崎県壱岐市	長野県	徳島県上勝町
熊本県小国町	静岡県静岡市	

（2019年度SDGs未来都市）（全31都市・モデル事業10都市）

福島県郡山市	栃木県宇都宮市	奈良県生駒市
神奈川県小田原市	群馬県みなかみ町	奈良県三郷町
新潟県見附市	埼玉県さいたま市	奈良県広陵町
富山県南砺市	東京都日野市	和歌山県和歌山市
福井県鯖江市	神奈川県川崎市	鳥取県智頭町
京都府舞鶴市	富山県	鳥取県日南町
岡山県西粟倉村	石川県小松市	福岡県大牟田市
熊本県熊本市	愛知県	福岡県福津市
鹿児島県大崎町	愛知県名古屋市	鹿児島県徳之島町
沖縄県恩納村	愛知県豊橋市	
岩手県陸前高田市	滋賀県	

（2020年度SDGs未来都市）（全33都市・モデル事業10都市）

宮城県石巻市	宮城県仙台市	三重県
東京都豊島区	山形県鶴岡市	滋賀県湖南市
石川県金沢市	埼玉県春日部市	大阪府豊中市
三重県いなべ市	神奈川県相模原市	兵庫県明石市
京都府亀岡市	石川県加賀市	広島県東広島市
大阪府大阪市	石川県能美市	香川県三豊市
大阪府富田林市	長野県大町市	高知県土佐町
岡山県倉敷市	岐阜県	福岡県宗像市
愛媛県松山市	静岡県富士市	長崎県対馬市
沖縄県石垣市	静岡県掛川市	熊本県水俣市
岩手県岩手町	愛知県岡崎市	鹿児島県鹿児島市

※網掛けは自治体SDGsモデル事業も含む。

（2021年度SDGs未来都市）（全31都市・モデル事業10都市）

北海道上士幌町	山形県米沢市	静岡県富士宮市
千葉県市原市	福島県福島市	愛知県小牧市
東京都墨田区	茨城県境町	愛知県知立市
新潟県妙高市	群馬県	京都府京丹後市
岐阜県岐阜市	埼玉県	大阪府能勢町
岐阜県美濃加茂市	東京都江戸川区	兵庫県姫路市
京都府京都市	神奈川県松田町	兵庫県西脇市
愛媛県西条市	福井県	鳥取県鳥取市
熊本県山都町	長野県長野市	熊本県菊池市
沖縄県	長野県伊那市	
岩手県一関市	岐阜県高山市	

（2022年度SDGs未来都市）（全30都市・モデル事業11都市）

宮城県大崎市	熊本県上天草市	静岡県御殿場市
千葉県松戸市	秋田県大仙市	愛知県安城市
東京都足立区	山形県長井市	兵庫県加西市
新潟県新潟市	埼玉県戸田市	兵庫県多可町
新潟県佐渡市	埼玉県入間市	徳島県徳島市
岐阜県恵那市	東京都板橋区	徳島県美波町
大阪府阪南市	新潟県	愛媛県新居浜市
和歌山県田辺市	石川県輪島市	福岡県直方市
鳥取県	長野県上田市	熊本県南阿蘇村
熊本県八代市	長野県根羽村	鹿児島県薩摩川内市

（2023年度SDGs未来都市）（全28都市・モデル事業9都市）

青森県弘前市	埼玉県鴻巣市	鳥取県八頭町
東京都大田区	埼玉県深谷市	岡山県備前市
東京都東村山市	千葉県木更津市	広島県福山市
石川県野々市市	富山県氷見市	愛媛県四国中央市
福井県大野市	石川県七尾市	福岡県糸島市
山梨県	長野県松本市	佐賀県鹿島市
兵庫県	京都府宮津市	鹿児島県出水市
島根県松江市	兵庫県加古川市	鹿児島県奄美市
宮崎県延岡市	兵庫県三木市	
群馬県桐生市	兵庫県三田市	

※網掛けは自治体SDGsモデル事業も含む。

第3章　目標1　貧困をなくそう

子どもたちの食生活にも貧困の危機が及んでいる。親たちの仕事が忙しくて，毎朝朝食をとることができずに学校に通っている子どもたちがたくさんいるよ。

〈目標1のターゲット〉

1.1　2030年までに，現在1日1.25ドル未満で生活する人々と定義されている極度の貧困をあらゆる場所で終わらせる。

(注：この目標ができたときは，「絶対的貧困ライン」といわれる，極度に貧しい暮らしをしている人の国際的な基準は，1日1.25米ドル未満で生活していることだったが，今は，この基準が1日1.9米ドル（約200円）になっている）。

1.2　2030年までに，各国定義によるあらゆる次元の貧困状態にある，全ての年齢の男性，女性，子供の割合を半減させる。

1.3　各国において最低限の基準を含む適切な社会保護制度及び対策を実施し，2030年までに貧困層及び脆弱層に対し十分な保護を達成する。

1.4　2030年までに，貧困層及び脆弱層をはじめ，全ての男性及び女性が，基礎的サービスへのアクセス，土地及びその他の形態の財産に対する所有権と管理権限，相続財産，天然資源，適切な新技術，マイクロファイナンスを含む金融サービスに加え，経済的資源についても平等な権利を持つことができるように確保する。

1.5　2030年までに，貧困層や脆弱な状況にある人々の強靱性（レジリエンス）を構築し，気候変動に関連する極端な気象現象やその他の経済，社会，環境的ショックや災害に暴露や脆弱性を軽減する。

1.a　あらゆる次元での貧困を終わらせるための計画や政策を実施するべく，後発開発途上国をはじめとする開発途上国に対して適切かつ予測可能な手段を講じるため，開発協力の強化などを通じて，さまざまな供給源からの相当量の資源の動員を確保する。

1.b　貧困撲滅のための行動への投資拡大を支援するため，国，地域及び国際レベルで，貧困層やジェンダーに配慮した開発戦略に基づいた適正な政策的枠組みを構築する。

1. 概　　要

1.1　基本的な考え方

　SDGsで最初に掲げた目標1は,「貧困」をテーマとしたものである。これはMDGsの目標1「極度の貧困と飢餓の撲滅」から継承されたものである。世界における貧困の現状について,国連が提供するSDGsの「事実と数字」に関する情報では,主として,次の点が示されている。

- ・1日1ドル90セントという国際貧困ライン未満で暮らす人々は,7億8,300万人に上り,2016年の時点で,全世界の労働者のほぼ10%は国際貧困ライン未満の所得で家族と生活している。

- ・全世界の25歳から34歳の年齢層で,極度の貧困の中で暮らす人々は,男性100人当たり女性122人となっている。

- ・脆弱で紛争の影響を受ける小さな国々では,貧困率がしばしば高くなっている。極度の貧困の中で暮らす人々のほとんどが南アジアとサハラ以南アフリカに集中している。

　「貧困」という状況は,国や地域,個々人によって異なる。国連開発計画(UNDP)によれば,貧困とは「教育,仕事,食料,保健医療,飲料水,住居,エネルギーなど最も基本的な物・サービスを手に入れられない状態」と定義している。

　本目標について考えるうえで,区別すべき概念として,「絶対的貧困」と「相対的貧困」の違いがある。UNDPでは,「絶対的貧困」を「生きていくうえで最低限必要な食料さえ確保できず,尊厳ある社会生活を営むことが困難な状態」と定義している。具体的な数字でいうならば,国連において1日1.90米ドル未満を貧困の基準として定めている。1990年以降,世界全体でみると絶対的貧困の割合は低下している。しかし途上国の多いアフリカ地域などでは,5人に1人が極度の貧困状態で生活しているという。一方,「相対的貧困」とは,「国や社会,地域など一定の母数の大多数より貧しい状態」と定義し,具体的な数字による指数として「国民の所得の中央値の半分未満」を基準としている(日本を例にするならば,年収122万円以下がこのラインとされている)。先進

国においては，絶対的貧困よりもむしろ相対的貧困の問題が注目されている。近年先進国では，貧富の差が拡大する傾向にあり，同じ社会の中で一部の富裕層に富が集中し，多くの人々がその恩恵を受けられていないというケースが多くみられるからである（高柳・大橋 2018）。

　貧困が大きな問題として指摘される理由として，貧困が1人の生涯にわたり影響するだけにとどまらず，子どもや孫といった次世代へも引き継がれていくことが指摘されている点である。ユニセフによれば，貧困家庭に育った子どもたちは，自分が育った社会環境を所与のものと考えるため，学校に通い教育を受けたり，病気のため通院するという機会に触れてこなかったことから，十分な収入を得る職業につくことができず，その結果，その子どもたちもまた貧困に苦しむという「負のスパイラル」に陥ることになると指摘している（日本ユネスコ協会 2018）。こうした問題に対処するためには，子どもたちが貧困から抜け出せる仕組みを作ることであり，途上国であれば子どもたちが義務教育に通わせるような環境を作ったり，奨学金制度を充実させるなどして，自らの努力で貧困から抜け出せる道筋を作っていくことが考えられる（日本ユニセフ協会 2018）。

1.2　貧困×観光＝途上国訪問から考える現代の幸福観—貧困＝不幸せか—

　観光は，日常を離れ，見慣れぬ新たな土地を訪れることにより，自分たちが当たり前と思っていた価値観を相対化する経験をもつことに役立つ。とりわけ欧米諸国や日本からの観光客は，普段の都会の便利な生活から離れ，自然の溢れた途上国を訪問することで，自分たちがいかにものに溢れ，便利な生活を送ってきたかを気づかされることになる。

　1980年代くらいまでは，多くの若者たちはバックパッカーという，トランク片手に安い航空券で見知らぬ異郷へと旅に出た経験をした。日本でも，米国のヒッピー文化に憧れて世界に飛び出していき，その貴重な経験をもとに，自分が囚われていた既成概念を打ち破り，次のステップアップにつなげていった者も多い。香港・ロンドンを路線バスで一人旅する，沢木耕太郎の紀行小説

『深夜特急』は，こうした若者たちのバイブルとされた。

　一方，現代の若者は，しばしば「内向きな世代」とされ，海外渡航離れが指摘されているが，それでも自分たちの日常の生活から離れ，海外フィールドワークなどに参加し，新たな価値観を創出する機会を得た者たちは少なくない。ただし，その場合に途上国訪問の機会がもたらす「豊かさ」への考え方に違いがある。かつての世代は，途上国を訪れたことにより，自分たちの日常の便利さ，そして経済的な豊かさにあることを再認識する機会を得た。一方，モノがあふれる現代の若者にとっては，日常の競争社会から離れ，何もないながら地域の住民同士で協力し合いながら生活する途上国の人々と触れ合う中で，先進国で忘れられていた「心の豊かさ」に気づく機会を得るケースが多い。途上国にフィールドワークで訪れ，貧困問題の現状を学ぼうとしていた学生たちが，帰国後しばしば指摘するのは，次のようなことである。「あの人（途上国の住民）たちは私たちよりも何十倍も生活を楽しんでいる。日本に住んでいる若者の方がみんな忙しい日々に明け暮れ，心は病んでいる。もしかすると我々よりも彼らの方が何十倍も幸せなのかもしれない。」

　途上国の人々との触れあいを通じて，先進国の若者たちは「貧困≠不幸せ」ということを学べたのであろう。しかしながら，ここで注意しなくてはならないのは，観光を通じて途上国の人々も先進国の価値観に接触することである。これは必ずしも現地の人々に「幸せ」をもたらすとは限らない。映画『幸せの経済学』（ヘレナ・ノーバーグ＝ホッジ監督・『ラダック懐かしい未来』著者）の中で，かつて貧しいながらも協力し合いながら暮らしていたラダックの人々が，先進国から来た登山観光客と触れ合う中で，自分たちの社会にモノが欠如していることを理解し，自分たちが貧困にあるという意識をもつことにつながった。貧困というものが他者との比較という物差しの中で生じてしまうという事例といえるだろう。

　観光などの人的な交流を通じて，人々の価値観の交流は否応なく進んでいく。その中で「幸福」とは何かを常に考えることを学ばされる機会はますます増えていくのであろう。

2.　目標1に向けたSDGsにおける目標と方策

「目標1　貧困をなくそう」を達成するために，SDGsでは具体的な目標を次のように掲げている。

まず，絶対的貧困の国際ラインである「極度に貧しい」（1日1.9米ドル未満での生活状況）暮らしをしている人を2030年までに世界中からなくすことをあげている（1-1）。その際，男女や年齢の違いによる差別を生まないように注意し（1-2），それぞれの国がこうした弱者が生まれないように生活保護などの具体的な政策や仕組みづくりに取り組むことを求めている（1-3）。

また貧困のサイクルを生まないためにも，貧困にある人や弱い立場の人が平等に，教育や保健衛生などの生活に欠かせない基礎的サービスを使え，土地や財産の所有や利用ができ，新しい技術や金融サービスなどを使えるようにすることも必要である（1-4）。さらに，国はこうした人々が災害や経済不況などによる被害を受けるリスクを減らし，被害に遭った場合は立ち直れるように支援できるような体制を組むことも求めている（1-5）。

上述の目標を達成するための具体的な方策として，とりわけ開発途上国の政府に対する具体的な方策を立てることを指摘している。ひとつは，上述の「貧しさ」をなくすための計画や政策を実行していけるよう，先進国などからの経済支援や国際機関からの資金援助など，さまざまな方法で資金をたくさん集められるようにする（1-a）。なかでも，「貧しさ」を生み出す原因のひとつである性別の違いなどにも配慮した貧困対策に資金が回るように世界で努力することも求めている（1-b）。

3.　日本における具体的な取り組み

Sustainable Development Report 2023によれば，日本におけるこの目標の達成度は，「課題が残っている」段階であるが，目標達成に向けた進捗傾向としては目標達成に向け「順調に改善している」状況であり，高く評価できる。ただし近年，日本はこの目標の状況が悪化している。その原因として，松原

(2019) は「相対的貧困」の拡大をあげ，特にひとり親世帯，とりわけ母子家庭への支援が重要課題であると指摘，さらに地震，津波，洪水などの災害も，貧困状態に陥る重要な要因になると述べている。

　こうした問題に対する具体的な取り組みのひとつに「子ども食堂」がある。子ども食堂は，「子どもが1人でも利用でき，地域の方たちが無料あるいは少額で食事を提供する場所」であり，その運営は，個人からNPO法人，各種団体，また最近になり生協やJAも連携し始めており，2010年代から急激に増えてきている。子ども食堂は夕食などを満足に食べられない貧困の家庭，とりわけ子どもたちの栄養面のサポートという面のみではない。空腹や栄養不足，孤独感は，体だけでなく精神面にも影響を及ぼす。多くの貧困家庭では，親たちは仕事に忙しく，子どもたちは一人で食事をするという「孤食」の状況に陥っている。子ども食堂では，食を通じて子どもたちとコミュニケーションをとり，教育や保健衛生の面でのサポートも行われていることが多い。子ども食堂に来て，たくさんの人たちと食卓を囲むことで，栄養不足が解消されるだけでなく，表情も明るくなっているという報告もされている。

　また，日本企業や団体がすすめる具体的な取り組みとしては次の事例がある。

・配達直前にキャンセルされた商品や袋が破れたお米など賞味期限まで余裕がある食品を，食べ物に困っている人々を支援する団体に届けている「フードドライブ」活動（フードバンクかながわ）。

・過去10年間で10億円以上の寄付金を，日本の子どもの貧困解決のための活動に拠出。具体的には，児童養護施設等で暮らす子どもへの奨学金や塾代の援助，パートナー団体が運営する子ども食堂や居場所のための資金援助や教育支援などを行っている（ゴールドマン・サックス証券）。

・アフリカをはじめとする無電化地域に対して，太陽光パネル・蓄電池・LEDライトを搭載した低価格のソーラーランタンを販売。最初5年間はアフリカ17カ国に寄贈，子どもたちの夜間授業や女性への識字教室などの「機会創出」を通じて人々のくらし向上に貢献（パナソニック）。

☕ 国際理解コラム：キリバス共和国—「貧しさ」から抜け出すための経済政策—

　キリバス共和国は，太平洋の中央に広がる小島嶼国である。世界でも有数の広い排他的経済水域をもち，そこに数多くの島国が散在している。

　キリバスは，太平洋諸島の中でも「2つの貧しさ」を有している国といわれている。ひとつはその自然環境から来る貧しさである。太平洋諸島の国々はどの国も国土面積は限られているが，そのなかでもキリバスは環礁と呼ばれるサンゴ礁からなる島国である。国土の中には火山島がなく，川などもないため，土壌も豊かとはいえない。そのため国土で獲得できる作物も他の島国と比べて限られている。

　もうひとつの貧しさは，他の周辺島嶼国と比較して，先進国などからもたらされる経済支援や重要なビジネス資源が少ない点である。隣国のマーシャル諸島では，米国から国家予算の50％にも及ぶ財政支援がもたらされている。一方でキリバスはこうした大きな経済支援をもたらす国が存在しない。また他の島国と比べて，キリバスでなくてはならないような商品作物であったり，独自の観光資源となるような景観があるわけでもない。そのため，キリバスは他の周辺島国と比べてビジネスとして稼げる資源がないという点でも，キリバス国民は他の島国との間の相対的な貧しさを感じてしまう。

　このような「貧しい」環境のなかにあるキリバスは，イギリスの植民地時代からオーストラリアやニュージーランドへ移民や出稼ぎで出ていき，そこで稼

写真3-1　日本のカツオ漁船で働く船員を育成する学校（キリバス）

いだお金を本国に送金するという生活が行われてきた。アノテ・トン前大統領は，気候変動などで苦しむ現状を国際社会のなかで訴え，オーストラリアやニュージーランドとの関係を重視しながら，国民がこうした国々を目指して，海外に働きに行ったり，移民として移り住む機会を作るよう外交を行ってきた。

こうした外交政策を転換させたのがターネス・マーマウ大統領である。彼は，移民や出稼ぎで国民が海外に出ていくのでは，キリバスが抱えている貧しさの根本を解決できるわけではないと考えた。優秀な人材がどんどん海外に出ていってしまうからだ。むしろ，気候変動による危機に対して，先進国から積極的にインフラやビジネスのための投資支援を求め，国民が国内に残って働ける環境を作ることを望んでいる。とりわけ，2019年には経済支援を積極的に進めている中華人民共和国（中国）との間で外交関係を結び，国内に中国からの企業を誘致することを求めている。

第4章　目標2　飢餓をゼロに

地元の農家で採れた新鮮な野菜や果物を使った食品を食べたいなあ。外国産の食品は添加物の問題もあるから心配だなあ。有機農法に取り組んでいる地元の農家をみんなで育てていこう！！

〈目標2のターゲット〉

2-1　2030年までに，飢餓を撲滅し，全ての人々，特に貧困層及び幼児を含む脆弱な立場にある人々が一年中安全かつ栄養のある食料を十分得られるようにする。

2-2　5歳未満の子供の発育阻害や消耗性疾患について国際的に合意されたターゲットを2025年までに達成するなど，2030年までにあらゆる形態の栄養不良を解消し，若年女子，妊婦・授乳婦及び高齢者の栄養ニーズへの処を行う。

2-3　2030年までに，土地，その他の生産資源や，投入財，知識，金融サービス，市場及び高付加価値化や非農業雇用の機会への確実かつ平等なアクセスの確保などを通じて，女性，先住民，家族農家，牧畜民及び漁業者をはじめとする小規模食料生産者の農業生産性及び所得を倍増させる。

2-4　2030年までに，生産性を向上させ，生産量を増やし，生態系を維持し，気候変動や極端な気象現象，干ばつ，洪水及びその他の災害に対する適応能力を向上させ，漸進的に土地と土壌の質を改善させるような，持続可能な食料生産システムを確保し，強靭（レジリエント）な農業を実践する。

2-5　2020年までに，国，地域及び国際レベルで適正に管理及び多様化された種子・植物バンクなども通じて，種子，栽培植物，飼育・家畜化された動物及びこれらの近縁野生種の遺伝的多様性を維持し，国際的合意に基づき，遺伝資源及びこれに関連する伝統的な知識へのアクセス及びその利用から生じる利益の公正かつ衡平な配分を促進する。

2-a　開発途上国，特に後発開発途上国における農業生産能力向上のために，国際協力の強化などを通じて，農村インフラ，農業研究・普及サービス，技術開発及び植物・家畜のジーン・バンクへの投資の拡大を図る。

2-b　ドーハ開発ラウンドのマンデートに従い，全ての農産物輸出補助金及び同等の効果を持つ全ての輸出措置の同時撤廃などを通じて，世界の市場における貿易制限や歪みを是正及び防止する。

2-c　食料価格の極端な変動に歯止めをかけるため，食料市場及びデリバティブ市場の適正な機能を確保するための措置を講じ，食料備蓄などの市場情報への適時のアクセスを容易にする。

1. 概　　要

1.1. 基本的な考え方

　SDGsの目標2では，途上国では直面する現実的な問題である「飢餓」の問題が取り上げられている。具体的には「飢餓を終わらせ，食料安全保障及び栄養改善を実現し，持続可能な農業を促進する」ことを謳（うた）っている。この目標もSDG 1と同様，MDGsの目標1「極度の貧困と飢餓の撲滅」を継承している。

　この目標のテーマとなっている「飢餓」は，「長期間にわたって食料を得られず，食べることもできず，栄養不良となって，生きていくことが困難な状態」と定義づける。世界における飢餓の現状について，国連が提供するSDGsの「事実と数字」に関する情報では主として次に点が示されている。

・世界人口の 9 人に 1 人（8 億 1,500 万人）が栄養不良に陥っている。
・発途上国では，栄養不良率が人口の 12.9％に達している。
・栄養不良が原因で死亡する 5 歳未満の子どもは年間 310 万人にのぼり，
　その割合は子どもの死者数のほぼ半数（45％）を占めている。

　飢餓の問題を解決するには，まず飢餓に苦しんでいる人々がおかれた現状を把握することが必要となる。国連でも指摘しているが，農業は世界で最も就業者の多い産業で，世界人口の 40％にとっての生計手段となっている。その一方で，途上国の主要産業である農業でありながら，上述の通り多くの途上国の農民たちは飢餓に直面している。彼らが十分な食料を入手できない理由のひとつに，本来自分たちが確保するはずだった自国で生産された穀物などの食料が，先進国などへ輸入されてしまっているということが指摘されている。途上国から食料を輸入している先進国は，自分たちの社会で生産できる農作物の生産量の数倍もの農作物を消費しているといわれ，またその多くが食品ロスとして捨てられてしまっていることも注視べきである（日本ユネスコ協会 2018）。

　先進国がまず取り組むべき行動として，自分たちの社会で消費すべき農作物は自分たちの土地で生産すべきということである。こうした考え方を「地産地消」という。自分たちが食べる食べ物はできる限り同じコミュニティや近郊か

ら入手することで，他国の食料や水を奪わないですむと同時に，それを輸入するために使われる船や飛行機のエネルギーを削減することにもあるのだ。それとともに，自分たちの食べ物がどのようにして生産されるかを理解することも可能であり，食の安心安全にとっても極めて有益である。地産地消を進めつつ，先進国と途上国の間の農林水産物のバランスが適切に機能すれば，すべての人に栄養豊富な食料を提供され，環境を守ることにもつながるのである。

1.2.　飢餓×観光＝生産地訪問から地産地消へ―グリーンツーリズムの可能性―

　途上国から先進国への食料生産物の輸出により，途上国が本来自ら消費すべき食品や水などを移転させてしまい，その結果途上国の貧困につながるという考え方が，目標2の根底にある。こうした現場を意識していない先進国や食料の海外からの輸入に依存する国々の人々は，前述の通り，自国における本目標の達成度合いが低いことに対して，「我々の周りにはこれだけ食品があふれているのに，なぜ飢餓をなくすことを目的としている本目標への達成度合いが低いのだろう」と疑問をもってしまう。この目標の達成には，途上国をめぐる状況を知ると同時に，それを解決するためのアイデアを生み出すためにも自ら現場を訪れ問題の所在を実感することが必要である。

　アジア・アフリカ諸国をはじめとした途上国からもたらされる商品作物の生産の場を訪れ，生産者たちの顔の見える商品を購入することに結びつける観光事業の試みは，フェアトレードなどの事業と結びつけられながら実施されている。南太平洋の島国・パプアニューギニアでは，コーヒーやカカオの生産が行われ，欧米諸国や日本に輸出されている。こうした商品がどのような環境の中で生産されているのかを知るためのツアーが催行されている。こうしたツアーへの参加者は，輸入代理店などのビジネス関係者が中心であるが，近年ではオーガニック商品に関心をもつ消費者の参加もみられるようになった。ツアーの参加者からは，1,000 mを越える険しい高原地帯の中で，地元の女性や若者がコーヒーを手で採取している姿を目にすることで，自分たちの食卓に上る

コーヒーに対する有難さを再認識することにつながったという声も多く聞かれた。

　コーヒーなどの日本では生産が難しいものに対しては，途上国生産者の苦労を理解し，人々の労働力に相応した対価に基づき，ビジネスを行うことは重要である。その一方で，国内でも生産できる商品作物に対しては，はるばる海外から入手するのではなく，国内で生産するという考え方を広めていくことも重要である。先進国における国内の農村地域の現状を認識し，環境保全や農村振興と結びつけて，都市住民が農村を訪問するというグリーンツーリズムは1970 年代より欧米諸国で注目されてきた。日本でも 90 年代以降，「田舎」に対する郷愁と結びつけられながら，グリーンツーリズムの振興が農林水産省の主導で行われてきた。そこでは都市住民たちが有機農法で作られた野菜や果物を自ら育て，収穫するということを通じて生産の重要性を理解することにつながった。こうしたグリーンツーリズムの普及により，都市近郊における耕作地をもち，週末を中心に有機野菜の生産を行う都市消費者も増えている。グリーンツーリズムは地産地消を促し，ひいては途上国の飢餓削減につながっていくのである。

2. 目標 2 に向けた SDGs における目標と方策

　「目標 2　飢餓をゼロに」を達成するために，SDGs では具体的な目標を次のように掲げている。

　世界全体の目標として，2030 年までに，飢えをなくし，だれもが一年中安全で栄養のある食料を，十分に手に入れられるようにすることがあげられている（2-1）。特に 2025 年までに 5 歳未満の子どもが栄養不足で成長できない，また 2030 年までに妊婦やお年寄りが栄養で苦しむことがないよう各国に求めた（2-2）。

　また飢餓を防ぐために世界各地の農業を発展させる，とりわけ小規模農家の生産力を向上させ，収入をアップさせるような環境を支援する（2-3），災害が起きた時の小規模農家への支援（2-4），農業に関わる動植物の生物多様性の確

保や農作物の知識が公正に利用されることを求めた（2-5）。

　上述の目標を達成するための具体的な方策として，とりわけ開発途上国に対する農業技術や知識の普及（2-a），農業の貿易の自由化（2-b）および農産物の市場価格の安定化（2-c）を世界各国で協力して取り組むことが指摘されている。

3. 日本における具体的な取り組み

Sustainable Development Report 2023によれば，日本におけるこの目標の達成度は，2019年以降，「重要課題」段階にダウンし目標達成に向けた進捗傾向は「停滞している」状況にある。達成度が低い要因として，海外からの輸入農産物に依存し，食料自給率が低いことがあげられる。その解決のためには，国内の農林水産業の生産性向上に加え，食品ロスに貢献する新製品やサービスの開発や業務の改革に取り組むことが求められている（松原　2019）。

　日本国内でこの目標の達成に向けた取り組み事例として，「有機農園普及運動」がある。地元の農家で収穫された農産物は新鮮でとてもおいしいということは言うまでもないことだが，農産物を誰がどのように生産しているかがわかり，安心・安全に食することができる。こうした地元で自然と身体に優しい形で生産された農産物を食べたい消費者と提供したい生産者の双方の思いから，近年急激に各地で増えているのが「有機農園」である。こうした農園の多くは，農薬，化学肥料を使わない有機農法で行われており，生産物の価値を上げて生産者の利益を確保しながら，中間業者を省くことで最終的な売値を他商品と差が出ないようにしている。こうした農園で採れた農産物を加工してジャムなどにして販売したり，そうした商品を利用した食事を提供するレストランなども作られている。

　「有機農園」が普及することはさまざまなメリットが確認されている。子どもたちが農園を訪問することで野菜の旬を理解し，無理せず自然に育てること，また多少見た目は劣っても自然に育ったおいしい野菜や果物を消費してもらうことを知る教育の場にもなっている。また無駄なエネルギーの消費や，農

産物の3分の1が廃棄になってしまっている現状も変えられる。「有機農園」の普及は，日本国内における海外からの輸入品に依存しない地産地消の仕組みをつくることに貢献している。

　また，日本企業や団体がすすめる具体的な取り組みとしては次の事例がある。

・世界の食の深刻な不均衡を解消するための取り組みとして，団体が設定したヘルシーメニューガイドラインに該当するメニュー1食につき20円（＝開発途上国の学校給食1食分に相当）の寄付を実施（TABLE FOR TWO）。

・商品化できない食品に対して，堆肥や飼料，染料の原料など新たな用途として活用。カット野菜の場合，商品に使用できない部分を長期保管できる乳牛用の発酵飼料として有効活用（キユーピー）。

・農業に対する気候関連リスクを低減するために，東南アジアで天候インデックス保険を提供。稲作農家の作物が干ばつによって損害を受けたときに農家が負担する損失を低減するための保険を発売（損害保険ジャパン）。

> 参考：ジニ係数
> 　「ジニ係数」は，所得格差，主に社会における所得分配の不平等さを測る指標である。0〜1の間の数値で示される係数で，数値が「0」に近いほど格差が少ない状態であることを意味する。「0」が完全平等な世界で，「1」が一人の人間に全所得が集中している状態を示す。

☕ 国際理解コラム：ミクロネシア連邦―食料の輸入依存が招く国民生活への悪影響―

　太平洋の島々では伝統的な相互扶助の社会が残され，食料を親戚・友人で分かち合う生活が出来上がってきたので，離島地域では1日あたり2ドル以下の生活を送っている割合が30%を超える高い割合でありながらも，飢餓で苦しんでいるようには見えない。ただし，都市部では生活が大きく変化し，国内経済にも悪影響を与えている事例が見られる。

　西太平洋に広がるミクロネシア連邦では，豊富な降水量を背景に多様な農業が行われ，タロイモなどを主食とする伝統的な食事が行われてきた。住民は自給自足による相互扶助の社会体制の中で，豊かな食文化を作り上げてきた。

　こうした社会が変化することになったのは植民地時代の影響である。とりわけ第一次世界大戦後，日本の施政下にあった時代，現地社会に日本人がもたらした米食文化が導入され，タロイモから米に主食が変更された。それでも，この時代は一部の島々では日本人から米作りをはじめとした食料の生産方法を伝えられ，住民たちは自らの手で新たな食料を入手したことで，食料を自給する姿勢はみられた。

　食料入手の方法ががらりと変化したのは第二次世界大戦後である。日本に代わり米国が支配下に置くと，ミクロネシアの人々の間で生活の近代化が進み，食生活にも大きな変化がもたらされる。自給自足生活を中心に海で魚を獲った

写真4-1　コスラエ州で売られている地元の食べ物や商品（ミクロネシア連邦）

り，バナナなどの果物を採集する生活から，米国からもたらされる大量の冷凍肉やスナック菓子やソフトドリンクなどをスーパーマーケットで購入する生活となっていく。店で簡単に入手できる半面，現金収入を必要とするため，住民の多くが都市部や米国への出稼ぎあるいは移民として出ていき，地方や離島で続けられてきた伝統的な自給自足生活が廃れていく。

　今日，都市に住むミクロネシア住民は，米国や周辺諸国からの輸入品に依存している。高カロリー・高脂肪の食生活に慣れた結果，糖尿病の割合は世界でもトップクラスを記録するなど，住民の間では生活習慣病が問題となっている。さらに，海外からの食料の輸入が増加することで，慢性的な貿易赤字が進み，国家財政を悪化させている。本来は伝統的な生活の下で豊かな食生活を送ってきた住民は，食料の海外からの輸入を通じて，生活を悪化させることにつながってしまった。

　輸入に依存する食生活に対する反省から，ミクロネシアの人々も伝統的な農業・漁業や食文化を見直し，子どもたちの給食などに伝統的な食材を利用するなどの食育も進められている。日本時代に教育を受けた現地の古老からは次のような言葉を耳にした。「日本人も米国人も我々の食生活に新しいものを付け加えてくれた。でも，そのやり方は全く違う。日本人は我々に食料の作り方を教えてくれた。米国人は我々にただ食料をもってきただけだ。どちらが住民にとって本当に意味があることだろうか。」

第5章 目標3 すべての人に健康と福祉を

日本では医療や福祉の仕事は慢性的に人材不足というのが問題になっている。どちらも重労働だし，一人ひとりに大切に接しなくちゃいけないからね。一人の力だけでは負担ばかり大きくて，解決できないよ。

〈目標3のターゲット〉

3-1　2030年までに，世界の妊産婦の死亡率を出生10万人当たり70人未満に削減する。

3-2　全ての国が新生児死亡率を少なくとも出生1,000件中12件以下まで減らし，5歳以下死亡率を少なくとも出生1,000件中25件以下まで減らすことを目指し，2030年までに，新生児及び5歳未満児の予防可能な死亡を根絶する。

3-3　2030年までに，エイズ，結核，マラリア及び顧みられない熱帯病といった伝染病を根絶するとともに肝炎，水系感染症及びその他の感染症に対処する。

3-4　2030年までに，非感染性疾患による若年死亡率を，予防や治療を通じて3分の1減少させ，精神保健及び福祉を促進する。

3-5　薬物乱用やアルコールの有害な摂取を含む，物質乱用の防止・治療を強化する。

3-6　2020年までに，世界の道路交通事故による死傷者を半減させる。

3-7　2030年までに，家族計画，情報・教育及び性と生殖に関する健康の国家戦略・計画への組み入れを含む，性と生殖に関する保健サービスを全ての人々が利用できるようにする。

3-8　全ての人々に対する財政リスクからの保護，質の高い基礎的な保健サービスへのアクセス及び安全で効果的かつ質が高く安価な必須医薬品とワクチンへのアクセスを含む，ユニバーサル・ヘルス・カバレッジ（UHC）を達成する。

3-9　2030年までに，有害化学物質，並びに大気，水質及び土壌の汚染による死亡及び疾病の件数を大幅に減少させる。

3-a　全ての国々において，たばこの規制に関する世界保健機関枠組条約の実施を適宜強化する。

3-b　主に開発途上国に影響を及ぼす感染性及び非感染性疾患のワクチン及び医薬品の研究開発を支援する。また，知的所有権の貿易関連の側面に関する協定（TRIPS協定）及び公衆の健康に関するドーハ宣言に従い，安価な必須医薬品及びワクチンへのアクセスを提供する。同宣言は公衆衛生保護及び，特に全ての人々への医薬品のアクセス提供にかかわる「知的所有権の貿易関連の側面に関する協定（TRIPS協定）」の柔軟性に関する規定を最大限に行使する開発途上国の権利を確約したものである。

3-c　開発途上国，特に後発開発途上国及び小島嶼開発途上国において保健財政及び保健人材の採用，能力開発・訓練及び定着を大幅に拡大させる。

3-d　全ての国々，特に開発途上国の国家・世界規模な健康危険因子の早期警告，危険因子緩和及び危険因子管理のための能力を強化する。

1. 概　要

1.1. 基本的な考え方

SDGs 目標 3 は，「あらゆる年齢のすべての人々の健康的な生活を確保し，福祉を促進する」と掲げられている。この目標は MDGs の目標 4 「乳幼児死亡率の削減」，目標 5 「妊産婦の健康改善」および目標 6 「HIV／エイズ，マラリア，その他の疾病の蔓延の防止」を統合して継承したものである。

この目標のテーマとなっている「健康」について，世界保健機構によれば「病気でないとか，弱っていないということではなく，肉体的にも，精神的にも，そして社会的にも，すべてが満たされた状態であること」と定義づけている。世界における健康の現状について，国連が提供する SDGs の「事実と数字」に関する情報では，主として，次の点が示されている。

・1990 年以来，1 日当たりの子どもの死者は 17,000 人減少しているが，毎年 500 万人を超える子どもが，5 歳の誕生日を迎える前に命を落としている。世界的な進歩にもかかわらず，サハラ以南アフリカと南アジアが子どもの死者数に占める割合は増大。5 歳未満で死亡する子どもの 5 人に 4 人は，2 地域に集中（小児保健）。

・妊産婦の死者数は 2000 年以来，37％減少しているものの，開発途上地域の妊産婦死亡率（出生数に対する妊産婦死者数の比率）は，先進地域の 14 倍に上る。ほとんどの開発途上地域では，十代の出産件数が減少している反面，改善のペースは鈍化。2000 年代には，1990 年代のような避妊具使用の急速な拡大がみられない（妊産婦保健）。

・2017 年の時点で，全世界の HIV 感染者は 3,690 万人に上り，新たに 180 万人が HIV に感染した。2000 年から 2015 年にかけて，サハラ以南アフリカの 5 歳未満児をはじめとする 620 万人以上が，マラリアによる死を免れた。全世界のマラリア罹患率は 37％，死亡率は 58％，それぞれ低下したとみられる（HIV／エイズ，マラリアその他の疾病）。

このような現状の中で国連では，現代社会の健康に関して，健康の格差と新

たな病気への対応を取り組むべき課題としている（国連ユニセフ協会 2018）。前者については，健康・医療の問題に関しては先進国と比べ，途上国で大きな問題となっており，とりわけアフリカ中南部諸国での達成割合は低く，同じ途上国内であっても中央と地方との医療を受ける機会の格差が拡大していると指摘している。

　なお，医療活動への支援は，医師や看護師など専門技術をもっている人しか関与できないわけではない。東海大学のチャレンジプロジェクト「病院ボランティアプロジェクト」が実施しているように，健康情報の発信や入院している子供たちへの絵本の読み聞かせなど，病院と社会を結ぶボランティア活動という形で貢献することも可能なのである。（病院ボランティアプロジェクト：https://tokaihospitalv.challe.u-tokai.ac.jp/ 2023 年 7 月 1 日）

　一方，後者については，新型コロナ感染症のような新たな病気の出現に対する医療技術のイノベーションの必要性，およびパンデミック発生に際しての政府を含めた医療体制の確保整備の早急な対応は喫緊の課題といえるだろう。さらに，先進国で問題になっている生活習慣病や，心の病，薬物，たばこなど現代社会の病についても対応が求められる。こうした問題は，不健康な食生活や生活習慣，精神的なストレスなどの社会的要因に伴うものといわれている。また，日本では肺結核が根絶されず，近年は若年者の間で増加傾向を示している。原因として，外国出生の若者を中心に，経済不況の影響で定期健康診断が受けられないことも関係しているという。

1.2.　健康×観光＝メディカルツーリズムとケアツーリズム（新たな観光の可能性・途上国からの観光客を誘引）

　健康で豊かな生活を送ることは，人間にとってきわめて中心的な問題である。とりわけ，先進国において高齢化社会が訪れる中で，退職後いかに暮らしていけるかは重要な課題であるといえよう。老後が長期化する中で，物価の安い海外での生活に関心を向ける人も少なくない。その際に大きな障壁となるのは，医療と介護の問題である。知人がほとんどいない異郷で，病気を患ったり，

身体が不自由になった時のことを考えると二の足を踏んでしまう。

　これに対して，東南アジアをはじめとした発展が著しい途上国の中には，先進国のリタイアメントした人々を対象としたロングステイのプログラムを実施しているところも多い。タイやマレーシアなどでは日本人高齢者をターゲットにしたロングステイの受け入れ体制を整備している。1980年代より，年間を通じた暖かい気候と安い物価を求めて移住した日本人高齢者もいたが，当初は地元住民とコミュニケーションができなかったり，文化的な違いを経験し，帰国してしまったり，病気や事故で不遇な末期を迎えた事例も多かった。こうした問題に対して，現地政府と日本の業者が協力し，医療や介護を日本語で対応できるような環境を作るなど，できる限り日本国内で生活しているのと変わらないような居住空間を計画している。またすぐに移住するのに抵抗がある場合に対応するため，お試し期間のような数か月単位でのステイプログラムも作られている。このようなロングステイプログラムでは，高齢者がもたらす消費とともに，この高齢者のもとにやってくる先進国に住む子どもたちの観光による消費からもたらされる経済効果が期待されている。

　一方，先進国の高齢者が途上国を訪問するという動きとは正反対に，日本の高度な医療や人間ドック受診の機会を求めて途上国からやってくるというメディカルツーリズムという試みも近年注目されている。とりわけ東アジアや東南アジアの富裕層を対象に，1週間程度の滞在の中で，日本国内の旅行をセットで体験できるというプログラムである。インバウンド需要に期待する日本の観光業者は，これらの富裕層は自分の健康管理のため定期的に訪問するリピーターとなることが期待できるということで，国内の医療機関と提携してより充実した診断を受けられる体制づくりを進めている。欧米諸国との間で競争も激しいが，21世紀の日本の観光ビジネスの期待の星といえるだろう。

　医療・介護分野をめぐっては，制度や文化的な違いによる障壁はまだまだ多く残されている。新型コロナ感染症で移動が制限される事態など，懸念すべき問題もある。とはいえ，人間にとって健康は最大の関心事であることは間違いないだけに，先進国・途上国いずれの住民にとってもこの分野の需要は尽きる

ことはないのは間違いないだろう。

2. 目標3に向けたSDGsにおける目標と方策

「目標1　貧困をなくそう」を達成するために，SDGsでは具体的な目標を次のように掲げている。

まず2030年までに，妊婦や胎児，新生児，幼児の死亡率を下げることをうたっている（3-1, 3-2）。またエイズやマラリアなどの伝染病や感染症対策（3-3）や，心の病，薬物やアルコール依存症，交通事故死などの削減対策も実施する（3-4, 3-5, 3-6）。不慮の妊娠を防ぐための性教育や基本的な保健サービスの享受に加え（3-7, 3-8），公害などの有害物質による健康被害を防ぐことも求めている（3-9）。

この目標達成の方策として，すべての国にたばこの規制を求めたり（3-a），途上国への安価な薬やワクチンの提供（3-b），保健サービスに関わる人材の育成（3-c）および世界規模での健康に関する危機が起きた時の情報提供システムの確立（3-d）を求めている。

3. 日本における具体的な取り組み

Sustainable Development Report 2023によれば，日本におけるこの目標の達成度は，「課題が残っている」段階であるが，目標達成に向けた進捗傾向としては「適度に改善している」。日本の特徴としては，少子高齢化，人生100年時代など，先進国が今後抱えることになる諸問題を先取りする形で具現化していることもあげられる。高齢ドライバーによる事故や，高齢者同士による介護問題である「老老介護」など，高齢者の福祉関連の問題も増加傾向にある（松原2019）。

こうした問題への解決アイデアのひとつに，高齢者の介護や医療分野でロボットなどの科学技術を利用するという方策がある。日本国内においては，年々高齢者人口が増加している。65歳以上の人口は，国内人口の4分の1以上である。高齢者人口の増加に伴い，要介護人口も増加している。介護の分野

では以前から要介護者を移動したりする上で大きな肉体的負担となっている介護者を支援するための方策として，介護補助ロボットなどの新たな技術が導入され，大きな成果を上げてきた。しかしながら，今日注目されてきているのは，要介護者に対する精神的な支援の側面である。自宅で生活する独居高齢者はしばしば孤立化し，そのことが原因で病気や怪我などを重症化・悪化させるケースが多く知られている。こうした高齢者への支援策として，相談相手になるコミュニケーションロボットの開発がすすめられ，すでに介護施設などでは導入され，今後大いに活躍が期待されている。

　また，日本企業や団体がすすめる具体的な取り組みとしては次の事例がある。

・高齢化に基づくおむつ市場の拡大により，独自のポリオレフィン紡糸技術を駆使した繊維構造により新製品を開発し，「もれない，むれない，かぶれない」という基本機能に加えて，「快適性，フィット性」といった性能を向上させ，快適に生活できるおむつを製造（三井化学）。

・腕時計のように常に身につけられるウエアラブル型の血圧計を開発。血圧測定の頻度を高めることで，朝晩の血圧測定だけではわからなかった血圧上昇の特徴や変動を捉えられるようにした（オムロンヘルスケア）。

・インドで，現地 NPO，政府機関，民間企業らとパートナーシップを組み，遠隔医療施設 eHealth Center を 90 カ所以上に設置。都市部の医師と農村部の患者をネットワークでつなぎ，最寄りの診療所まで数時間かかっていた僻地医療の変革に貢献（ヒューレット・パッカード エンタープライズ（HPE））。

（コーヒーアイコン）国際理解コラム：フランス領ポリネシア（タヒチ）―感染症対策と観光
　　　政策の間で―

　2019年末以来，世界各地で猛威を振るってきた新型コロナウイルス
（Covid-19）は太平洋諸島の国々にも深刻な影響をもたらしてきた。とりわけ，
大きな影響を受けてきたのはタヒチなどの南国リゾートを抱えるフランス領ポ
リネシアである。

　フランス領ポリネシアには，大小合わせて約130の島々が存在している。か
つてこの島々には地上の楽園としてゴーギャンなどのヨーロッパの芸術家や知
識人がたくさん訪れた。現在でも年間約20万人がその美しい自然と豊かな伝統
文化を求めて観光に訪れる。

　2020年にアジア各地で感染が確認されると，太平洋諸島の国々はいち早く
反応し，感染症が蔓延しているとされる地域に対して，自国・地域内への立ち
入りを禁止し，航空機や旅客船の立ち寄りも禁止していく。太平洋諸島の国々
が極めて厳しい入域制限を行った理由として，この地域が歴史的に感染症の被
害を受けてきたことにある。大航海時代以来，ヨーロッパをはじめとした他の
地域との接触が拡大することになった太平洋地域には，さまざまな感染症がも
たらされ，多くの島々で多数の犠牲が払われた。19世紀にはヨーロッパからバ
カンスで訪れた観光客によってもたらされた麻疹の流行により，ハワイ王国の
住民の間で蔓延し，人口が激減，王国は米国に併合されることになった。また
20世紀初頭のスペイン風邪の世界的な流行により，サモアやタヒチなどでは場
所によっては人口の４分の１が犠牲になったとされている。こうした過去の記
憶を歴史に残した島々では，今回の感染症に対しても極めて厳格な水際作戦を
決行した。その結果，2020年末の段階でもトンガなどでは感染者ゼロの状況が
続き，各国のゼロ・コロナ政策は一応成果を見た。

　その一方で，こうした厳しい入国禁止措置は各国の国内経済には深刻なダ
メージをもたらす。太平洋諸島では観光は地域の重要な基幹産業であるが，
Covid-19の影響でどの地域も軒並み前年比90％以上減を記録している。また
航空会社の倒産や観光関係の労働者のリストラも引き続き実施されており，経
済への悪影響は日に日に深刻化していった。

　フランス領ポリネシアは，他の島国と同様，観光が重要な産業であり，また
フランス本国から軍関係者や観光リゾート客が訪れるため，他の島々のような
厳格な措置は取れなかった。そのことが他の地域よりも深刻な感染症蔓延の事
態につながってしまった。タヒチにあるパペーテでは太平洋地域で初めて
Covid-19の感染者が確認された。フランスから帰国した仏領ポリネシア議会
議員が感染したのがきっかけで，その後太平洋諸島では桁違いの感染者の増加
を記録した（1万8,000人以上）。

　それでも当初は，観光客を閉ざすことには，住民は否定的であった。それは同地域にとって観光がいかに重要であるかを示している。スペイン風邪の深刻な犠牲の歴史については気になるものの，やはり身近な生活を維持するためには観光業を完全に崩壊させるわけにはいかないのである。仏領ポリネシア政府は世界的なパンデミックの状況を深刻に捉え，2021年2月1日からは観光客の全面受け入れ禁止を発表した。この措置に対しては観光関連業者からの批判も大きい。

　2023年現在は，太平洋の島々でもワクチンが普及し，各国とも従来のように観光客にも故郷を開き，観光誘致に力を入れだした。今後はコロナ禍以前の経済水準まで戻すことができるかがカギとなろう。一方で，コロナウイルスの変異によるパンデミックが再来することを心配する住民は少なくない。さらにはウクライナ紛争に伴う物価高などの影響も観光客の動向にどの程度影響するか考える必要があるだろう。

　このように感染症対策は時として，経済などへの深刻な影響を与えることで，その後の経済成長や人々の生活に大きなマイナスを与えている。政府は感染症対策と観光促進という2つの課題を同時に解決するための戦略を悩みながら策定する日々を送っている。

写真5-1　新型コロナウイルス感染症を
　　　　　水際で防ぐためのPCR検査
　　　　　（マーシャル諸島）

写真5-2　ハオ診療所
　　　　　（フランス領ポリネシア）
　　　　　　　　　　　撮影：桑原牧子

第6章　目標4　質の高い教育をみんなに

外国生まれで，親と一緒に日本に
やってきた子どもたちが，地元の
学校に通っているんだけど，日本
の授業について行けず，ドロップ
アウトしているそうだよ。

〈目標4のターゲット〉

4-1　2030年までに，全ての子供が男女の区別なく，適切かつ効果的な学習成果をもたらす，無償かつ公正で質の高い初等教育及び中等教育を修了できるようにする。

4-2　2030年までに，全ての子供が男女の区別なく，質の高い乳幼児の発達・ケア及び就学前教育にアクセスすることにより，初等教育を受ける準備が整うようにする。

4-3　2030年までに，全ての人々が男女の区別なく，手の届く質の高い技術教育・職業教育及び大学を含む高等教育への平等なアクセスを得られるようにする。

4-4　2030年までに，技術的・職業的スキルなど，雇用，働きがいのある人間らしい仕事及び起業に必要な技能を備えた若者と成人の割合を大幅に増加させる。

4-5　2030年までに，教育におけるジェンダー格差を無くし，障害者，先住民及び脆弱な立場にある子供など，脆弱層があらゆるレベルの教育や職業訓練に平等にアクセスできるようにする。

4-6　2030年までに，全ての若者及び大多数（男女ともに）の成人が，読み書き能力及び基本的計算能力を身に付けられるようにする。

4-7　2030年までに，持続可能な開発のための教育及び持続可能なライフスタイル，人権，男女の平等，平和及び非暴力的文化の推進，グローバル・シチズンシップ，文化多様性と文化の持続可能な開発への貢献の理解の教育を通して，全ての学習者が，持続可能な開発を促進するために必要な知識及び技能を習得できるようにする。

4-a　子供，障害及びジェンダーに配慮した教育施設を構築・改良し，全ての人々に安全で非暴力的，包摂的，効果的な学習環境を提供できるようにする。

4-b　2020年までに，開発途上国，特に後発開発途上国及び小島嶼開発途上国，並びにアフリカ諸国を対象とした，職業訓練，情報通信技術（ICT），技術・工学・科学プログラムなど，先進国及びその他の開発途上国における高等教育の奨学金の件数を全世界で大幅に増加させる。

4-c　2030年までに，開発途上国，特に後発開発途上国及び小島嶼開発途上国における教員研修のための国際協力などを通じて，質の高い教員の数を大幅に増加させる。

1. 概　　要

1.1.　基本的な考え方

　SDGs の目標 4 は，「教育」を対象としており，具体的には「すべての人々への包摂的かつ公正な質の高い教育を提供し，生涯学習の機会を促進する」と謳っている。MDGs の目標 2 「初等教育の完全普及の達成」を継承している。

　国連によると，本目標は SDGs の基本姿勢でもある「だれひとり取り残さない」というキャッチフレーズがもっとも体現化された目標としている。すなわち，地域や性別，社会的背景などによって教育を受ける機会に格差があってはならないという考え方である。また目標の範囲は，義務教育のみならず，幼稚園などの小学校入学前のケア教育から，高校・大学などの高等教育，さらに職業教育・訓練なども視野に入ったものである。

　世界における教育の現状について，国連が提供する SDGs の「事実と数字」に関する情報では，主として，次の点が示されている。

・開発途上国の初等教育就学率は 91％に達したが，まだ 5,700 万人の子どもが学校に通えておらず，その半数以上は，サハラ以南アフリカで暮らしている。

・小学校就学年齢で学校に通っていない子どものおよそ 50％は，紛争地域に住んでいる。

・全世界で 6 億 1,700 万人の若者が，基本的な算術と読み書きの能力を欠いている。

　教育を受けることの重要性として，本来個人が有している能力を引き出し，その能力を発揮した生きがいのある職業につくことを可能にすることである。また家系や家柄などで職業が決定された過去の時代を打ち破り，何世代にわたって受け継がれてきた不平等の連鎖を断ち切ることができる。さらに，質の高い教育を受けた人材を育成することで，国や地域におけるイノベーションを生み出すことにもつながる。一方で，途上国ではいまだに十分な教育が受けられない子どもたちが多く存在する。その理由として，教室あるいは教科書などの教育のための施設や道具の整備が不十分である，教員等の人材の育成が不十

分であるということがあげられる。また学校のある場所まで何時間もかけて通学せざるをえなかったり，貧困などから家の手伝いをするため学校に行かない，あるいは途中でやめてしまうケースも多い。さらには，性別や障がいの有無，あるいは人種・民族・階級などの原因で学校に行くことを許されていないことも指摘されている。特定の宗教においては女性であることが理由で高等教育を受けることを禁じられたり，戦争や自然災害の影響で学校に通えないなど，社会的な要因も関係している（日本ユニセフ協会 2019）。

　このような途上国の事例に対して，先進国でも教育をめぐる問題は存在している。ひとつは，リカレント教育の重要性である。リカレント教育とは「生涯にわたりずっと教育と就労を繰り返していく制度」である。現代社会は産業のイノベーションの進歩が著しく，求められるスキルや技術が急速に変化している。そうした環境においては，就職後は仕事に専念するという従来の仕事観に基づく生き方では適応することは困難であり，むしろ一定期間ずつ教育と就労を繰り返すことにより，教育を通じて新たなスキルや技術を学び，就労を通じて実践しながら次世代の課題を見出していくことが重要となる。経済成長においても社会環境においても成熟した社会である先進国においては，産業のみならず社会においてもイノベーションをおこす上でも，常に学び続ける姿勢は大事であり，リカレント教育をしていくことが当たり前となるような環境を整備していくことは，持続可能な開発にとっての重要な鍵といえる。日本においては，いったん就職してしまうと再び学ぶために大学あるいは大学院などで専門性の高い高等教育を受けるというリカレント教育はまだまだ一般的ではない。この面の整備を早急に進めることが新たな産業を生み出すなど，継続的な経済成長をしていく上でも大いに有効であると思われる。

　もうひとつの課題として，移民や難民，あるいは親の職業などの理由で移住してきた子どもたちに対する教育の問題である。多くの子どもたちは，家族の間では親たちが話す母語を利用して生活しているのに対して，移住先には突然連れてこられることが多く，現地の社会の言葉や文化を十分に会得しているケースは少ない。その結果，地元の学校で学ぶ機会を得たとしても，そこで友

人や教師たちが話すことばも理解できず，授業についていけなくなって，学校を辞めてしまうことも少なくない。十分な教育を受けていないため，生活していく上で十分な収入を得るだけの職に就くこともできず，貧困の状態から抜け出せないという負のスパイラルに陥ってしまう事例も多くみられる。こうした問題を解決するためには，地元社会や周辺の協力団体がこのような子どもたちに目をかけるように心がけ，現地の言葉や文化を学ぶための補修学校を整備したり，地元のコミュニティの活動に積極的に参加させるような機会を与えることが求められる。日本におけるその事例として，東海大学の学生が主体で実施しているチャレンジプロジェクトのひとつである，「Beijo Me Liga」がある。このプロジェクトは，外国にルーツをもつ子どもたちとの交流をするために，実際に学校へ足を運んで子どもたちとの交流を行ったり，マルチカルチャーキャンプを主催して互いの文化を学び合うような機会を提供している。(Beijo Me Liga https://u-tokai.ac.jp 2023 年 7 月 1 日)。

1.2.　教育×観光＝異文化に身を置いて学ぶ／働くことの意義

　学生たちに異文化理解を推進するために，教室を離れて外の社会に触れることはきわめて有効な手段である。日本国内の教育機関においても，その試みがさまざまな形で行われている。

　最も広く実施されているものとしては，修学旅行やゼミ旅行である。教育上の効果という点からは広く認知されているが，それを受け入れる側，観光という視点でみた時にもきわめて有益だ。学生時代に訪ねた旅行先での思い出は，一人ひとりの人生においても大きな想い出として刻み込まれる。その結果，多くの人々にとって重要な観光地として印象付けるブランド効果に加え，友人や家族とともにそうした想い出の地を再訪することも少なくない。

　また，学業や就職のための訓練として，フィールドワークやインターンシップを組み込んだ形でのツアーの企画も充実してきている。海外でホテルなどの観光関係施設で 1 〜 2 か月単位でのインターンシップを経験できるプログラムなどには，多くの大学生や専門学校生が参加している。ホテルでのベッドメイ

キングや清掃活動，また受付補助の形で参加し，観光業の裏側を経験できるとともに，異文化社会に身をおき，使い慣れない外国語を駆使しながら観光ビジネスの一端を学んでいく。このインターン・プログラムの魅力は，学生たちが働くことの困難さと面白さを実感できることにある。

　かつて南太平洋のバヌアツ共和国の日系ホテルでこのプログラムに参加した学生たちにインタビューしたことがある。この学生たちも最初は，ガイドブックを片手に半ばリゾート滞在気分であった。しかし活動が始まると，現実の厳しさに直面する。毎日与えられた仕事をこなすことで精一杯であった。それでも現地人従業員との交流や大型台風の襲来およびその後の復興に向けたボランティアをする中で，通常のアルバイトでは味わえなかった充実した毎日を過ごし，毎日着実に成長している自分に出会えたと述べていた。

　近年では，海外の情報もSNSなどを通じて容易に入手することができるようになっている。しかしながら，そのSNSの情報はあくまでも特定の人物の意図のもとで撮影された画面の中のものしか映し出していない。画面の裏側にある豊富な情報に触れるためにも，現場を訪問することの重要性は決して色あせることはない。

2. 目標4に向けたSDGsにおける目標と方策

　「目標4　質の高い教育をみんなに」を達成するために，SDGsでは具体的な目標を次のように掲げている。

　2030年までに，すべての人々への初等教育を受ける機会を与え（4-1），就業前教育を充実し（4-2），平等に高等教育を受ける機会が与えられることを目指している（4-3）。また，教育を受けて得た知識や技術を活かせる職業環境を与えられ（4-4），性別や人種等により職業訓練が受けられない状況にしないことも求められている（4-5）。さらに多くの成人が読み書きや計算に加え（4-6），持続可能な社会にとって必要な知識を身につけられるようにするとしている（4-7）。

　こうした目標の達成に向け，各国，とりわけ途上国に対して，教室などの教

育インフラ環境の整備（4-a）や，技術や知識を身につけるためのプログラム
や奨学金（4-b）および教員の育成（4-c）を進めることを求めている。

3. 日本における具体的な取り組み

Sustainable Development Report 2023 によれば，日本におけるこの目標の
達成度は，「目標達成」段階であり，目標達成に向けた進捗傾向も「適度に改
善している」という高い評価を得ている。持続可能な開発のための教育の推進
リーダー的存在といってもいいだろう。今後の課題としては，障がい者や外国
出身の子どもたちに対する教育支援などマイノリティーとされる人々への教育
機会の拡充があげられる。

　こうした問題に対する具体的な取り組みのひとつが，各自治体が実施してい
る外国籍あるいは「外国につながる子どもたち」に対する就学支援授業である。
2018 年末現在外国ルーツの子ども（15 歳以下）の数は約 24 万人といわれてお
り，その数は年々増加している。これらの子どもたちは親の仕事の関係で来日
し，彼らの日本語の能力では，日本の学校での授業についていけず，不登校な
どになってしまう子どもも多い。十分な教育を受けられないため仕事にもつけ
ずに貧困を助長してしまうことが大きな問題となっている。こうした子どもた
ちを支援するため，外国人労働者を多く抱える自治体では，小学校の中に外国
ルーツの子どもたちを対象とし，日本語が得意でない子どもたちのためにサ
ポートをする「国際教室」などを実施しているところもある（横浜市）。学年
ごとに国際教室の担当教員を付けるなどして，手厚い支援をしている。このこ
とは外国ルーツの子どもたちの授業支援のみならず，日本の子どもたちにさま
ざまな文化と触れ合う機会を与えることにつながり多文化共生社会を理解する
ことにつながっているという利点もある。

　また，日本企業や団体がすすめる具体的な取り組みとしては次の事例があ
る。

・いじめや勉強についていけないなどの様々な理由で学校に居場所をなくした
　子どもたちが集まることができる場所の提供（フリースペース「えん」）。

・2017年にはバングラデシュの首都ダッカに公文式教室をオープンし，2018年3月には，BRACが新会社「BRAC Kumon Limited」を設立。バングラデシュ国内において公文式直営教室およびフランチャイズ教室の開設・運営事業を担い，同国内での公文式普及を推進。中高所得層向けの教室で，ここでの収入を無償で運営されているBRACスクール運営にまわすことにより，貧困層の子どもたちへの持続的な教育支援（公文教育研究会）。

・カンボジア農村部での教育支援として，2005年より①小中学校の開設と保全，②パソコン・英語クラスの開設，③教師の派遣，2013年より④情操教育（美術教室，パソコン教室，スポーツ教室の授業）を実施。また，カンボジアの文化支援として，スバエクトム（伝統影絵芝居）を演じるTy Chean一座へ影絵制作への支援。子どもだけでなく，十分に教育を受けられなかった大人向け授業も設定（KDDI財団）。

☕ 国際理解コラム：ニウエ―伝統文化を守るための教育の重要性―

　ニウエは人口約 1,500 人，南緯 19 度に位置しているポリネシアの島国である。熱帯の海では珍しく，裾礁がほとんど無い孤島が南太平洋にポツンと浮かんでいることから「ポリネシアの岩」と呼ばれる。

　ニウエは，1974 年にニュージーランドとの間で自由連合協定という特別な条約を結び，自治権を獲得した。当時の人口は約 4,000 人であったが，その後移民が進み，1998 年には 2,100 人，2006 年には 1,600 人にまで減少した。現在，本国の人口の 10 倍以上のニウエ人が海外で生活していると推定される。その数は，ニュージーランドに約 2 万 2,000 人，オーストラリアに約 3,000 人である。ニュージーランドの財政援助と同国をはじめとする海外在住のニウエ人からの送金が，ニウエ経済を支える 2 本柱となっている。

　ニウエ人には憲法上ニュージーランドの市民権も付与され，すべての住民がニュージーランドのパスポートを持っている。多くの住民が教育や就職のためにニュージーランドに行くことから，政府は住民の教育に力を入れている。識字率は 98％と太平洋島嶼国の中で最も高いグループに属している。識字率が高いのはしっかりした教育制度に負うところが大きい。4 歳児は先ず早期児童教育（ECE）で 1 年間の教育機会が与えられ，5 歳で 6 年制の小学校に入学する。ニュージーランドのカリキュラムを基にして行われ，大学教育を希望するものにはニュージーランドからの奨学金を受けながら高等教育を享受できる。なかには子どもの教育のためにニュージーランドに移り住む家族もいるほどだ。

　ニウエでは，言語（ニウエ語），舞踊，工芸品等の伝統文化の保存に積極的である。学校教育のなか，伝統文化や踊りを学ぶ機会が設けられており，それらの成果を観光客に対して披露するなど，自分たちの文化を守ることを，国をあげて実施している。

　ニウエにひとつしかない小学校の校長先生は，子どもたちへの教育のあり方について次のような示唆に富む言葉を語ってくれた。

　「ニウエの子どもたちにとって，より良い生活を送るための選択肢を増やすためには，英語を身につけることが重要であることは当然です。英語を学ぶことで，ニュージーランドで高度な教育を受けたり，さまざまな働く機会を得ることができるでしょう。しかしながら，彼らには同時に，ニウエの文化や言葉も大切にしてほしいのです。保護者の中にはニウエの言葉や文化を学ぶ時間を削ってでも英語や数学を学ばせるべきだという意見もあります。私はそう思いません。ただニウエ語を忘れ，英語しか話せなくなったら，それはニウエ人ではなく，下手な英語しかできない中途半端な人間です。ニウエの言葉や文化の中には，先祖たちが受け継いできた大切な考え方が残されています。そうしたものを学び，ニウエ人としての誇りを持って生きることで，多様な価値観が求

められる現代社会の中で，オリジナルな個性をもった人間として成長していけるはずです。」

　校長先生の話からは，ニウエ人としてのアイデンティティを持つことにより，グローバル社会のなかで埋もれずに，自分の個性を確立することの重要性を唱えていることがわかった。

　ただし，ニウエ社会も，技術革新に伴い，国外で高等教育を受けなくてはならないという前提が覆されつつある。IT インフラの整備など科学技術の進歩によりそれを克服しようとする試みは生まれてきている。フィジーに設置された南太平洋大学（USP）は，太平洋諸島の国々が協力して設立した大学である。地域の重要な遠隔教育の拠点として，郵便や短波による通信教育を実施している。太平洋諸島の 10 の国・地域に同大学のキャンパスが設置され，衛星通信を通じてフィジーからの教育を受けることができる。

　日本も，1998 年にオーストラリアなどと協調して，無償資金協力により，本校と加盟各国にある 11 の分校を結ぶ衛星通信ネットワークを構築し，音声と画像の同時双方向通信による遠隔教育を可能にした。この協力では，地域内の講師の育成や遠隔教材の開発能力の向上，さらには情報（IT）調査研究の人材育成および体制整備などを支援し，USP が南太平洋地域の社会経済開発に関わる人材育成の中心的役割を果たすことに寄与している。

　USP の遠隔教育も最終学年にはフィジーキャンパスに通わないと学位がとれないという点では，まだまだ完全なものとはいえない。ただし，遠隔教育技術の進歩は目覚ましい現状からすると，島の人々が「いつでもどこでも誰もが」質の高い教育を身につける機会が得られる日が来るのもそう遠くないであろう。

写真6-1　南太平洋大学の遠隔教育
ネットワーク用の通信設備（フィジー）

第7章　目標5　ジェンダー平等を実現しよう

娘は1歳で，妻の仕事が忙しいので自分が育休を取得した。でも「子育ては女性の仕事」という風潮はまだまだ根強いんだよね。偉い人たちが自ら率先して実行にうつしてくれれば，きっと社会の考え方も変わるよ。

〈目標5のターゲット〉

5-1　あらゆる場所における全ての女性及び女児に対するあらゆる形態の差別を撤廃する。

5-2　人身売買や性的，その他の種類の搾取など，全ての女性及び女児に対する，公共・私的空間におけるあらゆる形態の暴力を排除する。

5-3　未成年者の結婚，早期結婚，強制結婚及び女性器切除など，あらゆる有害な慣行を撤廃する。

5-4　公共のサービス，インフラ及び社会保障政策の提供，並びに各国の状況に応じた世帯・家族内における責任分担を通じて，無報酬の育児・介護や家事労働を認識・評価する。

5-5　政治，経済，公共分野でのあらゆるレベルの意思決定において，完全かつ効果的な女性の参画及び平等なリーダーシップの機会を確保する。

5-6　国際人口・開発会議（ICPD）の行動計画及び北京行動綱領，並びにこれらの検証会議の成果文書に従い，性と生殖に関する健康及び権利への普遍的アクセスを確保する。

5-a　女性に対し，経済的資源に対する同等の権利，並びに各国法に従い，オーナーシップ及び土地その他の財産，金融サービス，相続財産，天然資源に対するアクセスを与えるための改革に着手する。

5-b　女性の能力強化促進のため，ICTをはじめとする実現技術の活用を強化する。

5-c　ジェンダー平等の促進，並びに全ての女性及び女子のあらゆるレベルでの能力強化のための適正な政策及び拘束力のある法規を導入・強化する。

1. 概　　要

1.1.　基本的な考え方

　SDGs の目標 5 は，「ジェンダー平等」をターゲットとしており，具体的には「ジェンダー平等を達成し，すべての女性及び女児の能力強化を行う」と謳っている。この目標は，MDGs の目標 3「ジェンダー平等推進と女性の地位向上」を継承している。

　世界におけるジェンダー平等の現状について，国連が提供する SDGs の「事実と数字」に関する情報では，主として，次の点が示されている。

・全世界で，7 億 5,000 万人の女性と女児が 18 歳未満で結婚し，30 カ国で少なくとも 2 億人の女性と女児が FGM（女性性器切除）を受けている。

・18 カ国では，妻が働くことを夫が合法的に禁止している。39 カ国では，娘と息子の相続権が不平等で，女性を家庭内暴力から守る法律がない国も 49 カ国ある。

・全世界で女性の政界進出がかなり進んでいるものの，女性国会議員の割合は 7 ％。ただし 46 カ国では女性がいずれかの議院で議員数全体の 30％超を占めている。

　目標 5 を考える上で重要な概念として，ジェンダーとセックスの違いがあげられる。セックスは，生物学的な性別のことで，男性と女性の間の身体的特徴の違いを指す。これに対し，「男性はこうあるべきだ」とか，「女性はこうするべき」というように，社会や文化における男性・女性の役割を区別して扱う考え方を「社会的性別」，すなわちジェンダーという。ジェンダーは文化や社会の中で決められるものである。日本社会の中における「家事や育児は女性の仕事である」や「女性はおしとやかに振舞わなければいけない」といった考え方も，あくまでも日本の社会の中で作られた考え方（多くは偏見）に過ぎない。しかしながら，多くの社会で，こうしたジェンダーに基づく偏見が残されてしまっている。「政治リーダーは男でないと務まらない」とか，「会社は男社会だ」という言葉が流布した結果，政治や経済活動における女性の進出を妨げてし

まっている。この問題への対処として，議員や会社の管理職を法律で一定数女性に割り当てることことを定めている国もある（クォータ制の導入）。

　一方で，男性に対しても向けられるジェンダー差別についても注意を向けなければならない。「女性だから」という考え方の裏側には，常に「男性だから」という考え方が存在しているからだ。女性の社会進出が進み，女性が会社で責任ある仕事を任された時に，夫婦で話し合って育児や家事を男性側が担当することを決めたとしよう。この時に男性が「主夫」を選択したことに対して，「男のくせに家事をするなんて」と批判されたり，育児休暇をとることに会社が不寛容である場合も多い。また日本では現在でも育児は女性の仕事という認識が強いため，男性が育児を担当する場合，育児の悩みを相談する仲間が周囲にいなくて，女性以上に孤立してしまう傾向もみられる。ジェンダー平等を向上させるためには，男性に対して向けられる偏見にも目を向け，男性・女性に関係なく，個人の権利や意思による生き方が尊重される社会にしていくことが必要なのである。

1.2.　ジェンダー×観光＝「観光のイノベーションは女性の視点から」

　かつての日本人の旅行の定番は慰安目的の団体旅行であった。会社や地域組織で団体貸し切りバスを利用して温泉地などの著名な観光地を巡り，夜は宴会で盛り上がり，そして帰りにはお土産店で買い物をするという定型化された旅行形態は，国内はもちろん，海外旅行においても実施されてきた。そのため，日本人による観光の代名詞として海外でも知られてきた。こうした団体旅行に対応するため，各地に宴会場が設置された大型ホテルや土産品を購入したり，食事をするためのドライブインがつくられた。

　現在では，団体旅行に関していえば，むしろ中国をはじめとしたアジアからの観光客に受け継がれ，日本のインバウンド観光を支えている。その一方で，若者を中心とした日本人の多くは，団体旅行という定型化された観光のあり方に否定的になってきており，オンラインでチケットや宿泊先を自ら予約し，一人で行動する個人旅行の方にシフトしている。国内各地につくられたドライブ

インやホテルは経営不振に陥り，新たなスタイルへの模索が行われてきている。その際の重要なターゲットとして注目されているのが女性仲間で行く旅の形態，いわゆる「女子旅」である。

　日本において女子旅に対して注目が向けられたのは，決して新しい事例ではない。むしろ日本では，旅行のあり方の転換期に新たな形を提言し，広めていったのは女性たちであった。1970年代に，国鉄（現在のJR）の下での旅行キャンペーンである「ディスカバー・ジャパン」でターゲットとなったのは女性たちであった。創刊されたばかりの雑誌「anan」や「nonno」を手にして，特集で紹介された失われた古き良き日本の姿を求めて，国内旅行に出かけていった（藤岡 1972）。このときのブームに乗って誕生したのが「小京都」などの新たな観光地である。その後も，あらたな観光地にいち早く注目したのは女性たちであった。1980年代以降，沖縄や海外への旅行が本格的に広まっていく中でも，女性たちに魅力を訴えかけるような形でプロモーションが行われていく（もっとも，その費用を負担したのは男性だったかもしれないが）。新たな可能性を切り開いていくのは女性たちであるというのもこの点からも明らかであろう。そして今，この国内観光の救世主として再び注目されているのが女子旅である。

　旅行雑誌やSNSの情報に敏感で，インスタ映えするグルメや観光スポットを探し出し，友達同士で紹介し合う。それまでの既存の観光地に囚われず，地元の人々も知らないような場所を観光地として盛り上げていく力は，現在の観光ビジネスにおいて大きな期待の分野といえる。実際に観光ビジネスの国内最大の展示会「旅博」においても，「女子旅」をテーマにしたセッションが設けられるなど，多くの観光関係者がその動向に注目している。観光ビジネスの将来を担っているのは，常識にとらわれず新たなものにチャレンジしていく柔軟な視野をもった女性たちなのである。

2. 目標 5 に向けた SDGs における目標と方策

「目標 5　ジェンダー平等を実現しよう」を達成するために，SDGs では具体的な目標を次のように掲げている。

当然ではあるが，すべての女性と女児に対するあらゆる差別をなくすことである（5-1）。女性の人身売買や家庭内暴力の禁止（5-2），文化的な理由で結婚を強制させられたり，性器を傷つけられたすることを禁止するよう求められている（5-3）。また家事・育児を女性の仕事として当然視させず，男女での役割分担をすることに加え（5-4），政治や経済におけるリーダーの選出や決断する場へ男女が平等に参加し（5-5），出産などにおいて不衛生・不健康な状況にさせないことが求められている（5-6）。

この目標達成に向け，各国は女性が男性と同じように財産等の権利を得られるようにし（5-a），インターネットなどの科学技術も身につけられ（5-b），すべての女性が能力を発揮できるような法律や制度を整備することを求めている（5-c）。

3. 日本における具体的な取り組み

Sustainable Development Report 2023 によれば，日本におけるこの目標の達成度は，「最重要課題」段階である。目標達成に向けた進捗傾向も 2020 年以降「適度に改善」を示しているが，17 の目標の中でも達成に向け厳しい状況にあるもののひとつといえる。このことは，マスメディアでもニュースとして大きく取り上げられているので，多くの読者もご存知のことだろう。その理由として，国会議員に占める女性の割合，ジェンダーによる賃金格差，といった点で評価が低いことがあげられるだろう。松原（2019）は，「日本は，依然として男社会であり，少子高齢化が進む中では，ジェンダー平等の推進が不可欠になっている。こういった現状を変え，社会における男女平等を実現し，すべての女性が自分の人生を決めていくために必要な能力を身につけ，女性に関するあらゆる不公正な状況や制度を終わらせることが重要である」と指摘した。

　こうした問題に対する具体的な取り組みのひとつに，女性がライフサイクルの中で結婚や育児と仕事を両立する場合に，会社や社会が支援する制度や施設を提供するというものである。女性のみならず男性も産休や育休をとることを義務づけたり，従業員のために保育施設を設ける会社が増えてきている。また女性が産休などで仕事から離れている期間に対して，昇進や昇給で不利にならないような制度も設けられてきている。また，女性同様に男性に対しても育児休暇などをとりやすい環境を作ることが重要だ。またこうした制度を積極的に活用している事例をメディアなど通じて社会に伝えることは，社会における意識を変える意味では有効である。小泉進次郎元環境大臣が育児休暇を取得したことは社会に対する啓蒙の意味として理解すべきであろう。

　また，日本企業や団体がすすめる具体的な取り組みとしては次の事例がある。

・多様な人材の採用や育成，登用を積極的に進めることで企業活動に多様な視点を取り入れ，イノベーションを生み出すことのできる組織を目指して，2014年12月に「S&Bポジティブアクション」を制定し，女性の採用や管理職登用における具体的な数値目標を設定（エスビー食品）。

・無料の保育所を事業所内に設置したり，タクシー業界では珍しい固定給制を導入するなど，働きたくても時間の制約等があって働きづらかった子育て中の女性が働きやすい環境を整備することで，女性ドライバーの活躍をサポート（ハートフルタクシー）。

・「女子中高生の理系進路選択支援プログラム」により，女子中高生の理系への進路選択を支援。女子中高生の興味・関心を高めて理系分野へ進むことを促すため，科学技術分野の第一線で活躍する女性たちとの交流会・実験教室・出前授業等の開催（国立研究開発法人科学技術振興機構（JST））。

☕国際理解コラム：ニューカレドニア―女性の解放と男性の生きづらさ―

　『ディリリとパリの時間旅行』は，20世紀初頭のパリを舞台に，ニューカレドニアからパリ行きの船に忍びこみ，伯爵夫人の助けを得てパリにやってきた少女・ディリリが，パリで遭遇する女性たちの誘拐事件に対して奇想天外な救出劇を演じるアニメである。人種問題，フェミニズムといった現代的テーマを扱っている優れた作品であるが，映画で描かれる女子差別や女性差別は100年前に終わった話ではないということだ。国際情勢に関心を持つ大人であれば，男性支配団が手がけたような犯罪を，現代はテロ組織が行っていることを知っているだろう。例えば，ナイジェリアでボコ・ハラムが通学途中の女生徒を誘拐し，兵士の妻としたり自爆テロを強いたりした事件を覚えている人もいるだろう。ディリリの故郷では女性たちをめぐる環境は変化を迎えつつも，農村部では依然として続いている。この女性をめぐる環境の変化を少し探ってみよう。

　ニューカレドニアは，豪州の北東部に位置するフランスの海外領土である。1980年代に森村桂の小説として描かれ，大林宣彦監督により映画化された『天国にいちばん近い島』という作品の舞台として日本人の多くに記憶されている。イル・デ・パンなどの世界遺産にも登録された珊瑚礁を目指して，日本人をはじめとした多くの観光客がこの地を訪れてきた。

　ニューカレドニアにはカナカと呼ばれる先住民が住む島に，フランスから入植して来た白人が共住している。先住民は他のメラネシアの国々と同様にフランスから独立を目指す一方で，入植してきた白人系住民はフランス領土のままでいることを望んでいる。1980年代は両者の間で激しい対立が起き，テロも頻発した。現在は独立をめぐる住民投票が行われ，現状維持派が多数を占めているものの，その差は縮まってきている。

　こうしたなかで，先住民系のカナカの人々は，中心部のヌーメアから離れた地方に住み，伝統的な慣習のなかで生きている。カナカの共同体では，男性を中心とした家父長制が根強く残っており，女性は個人としての権利を阻害されている。その結果，カナカ社会では長きにわたり結婚や家庭生活は男性家長に従属することを余儀なくされ，場合によってはしつけという名で暴力を振るわれることも伝統的慣習のもとで行われていた。

　しかしながら，1990年代以降ジェンダーの平等性などの価値観がカナカ社会にももたらされるなかで，女性たちは男性従属意識から解放されて，個人としての自由と権利を手に入れていく。若い世代の女性たちは，慣習に縛られた地域コミュニティから脱し，ディリリのように都市部や海外へと羽ばたいていった。

　これとは対照的なのはカナカの青年たちである。新たな価値観を身につけ新たな社会に積極的に進出した女性たちとは裏腹に，青年たちは子どものころよ

り女性と比して慣習に縛られたコミュニティの中で生活することを求められ，彼ら自身もそこに自分の居場所を求め続けている。またそうしたカナカの青年に男性らしさを期待するのは，男性のみならず，これまでのカナカの慣習に従属することを所与としてきた，彼らの母親たちに代表されるような女性たちでもあった。すなわち，カナカの青年たちは，新たな価値観が流入し，変化の中にあるにもかかわらず，伝統的慣習に縛られて身動きができなくなっている存在となっているのである。一部の青年たちは，その状況に耐えられず薬物やアルコールに手を出し，自死に及ぶものも出ている。またその腹いせとして肉体的に弱い女性に対する暴力という形で示すというケースも多くみられる。

　ジェンダー問題の解決は女性をめぐる環境の改善のみではなく，男性をめぐる環境にも注視しなくてはならないのではないだろうか。

写真7-1　市場で働くメラネシア地域の女性たち（パプアニューギニア）

第8章　目標6　安全な水とトイレを世界中に

昔は近くの山から湧き出た水が町に流れてきて，ここはおいしい水で有名だった。でも最近は山の森が荒れて，川辺もゴミだらけ。日本のきれいな水はどうなるんだろう。子どものころから水を大切にする心を身につけないといけないよね。

〈目標6のターゲット〉

6-1　2030年までに，全ての人々の，安全で安価な飲料水の普遍的かつ平等なアクセスを達成する。

6-2　2030年までに，全ての人々の，適切かつ平等な下水施設・衛生施設へのアクセスを達成し，野外での排泄をなくす。女性及び女児，並びに脆弱な立場にある人々のニーズに特に注意を払う。

6-3　2030年までに，汚染の減少，投棄の廃絶と有害な化学物や物質の放出の最小化，未処理の排水の割合半減及び再生利用と安全な再利用を世界的規模で大幅に増加させることにより，水質を改善する。

6-4　2030年までに，全セクターにおいて水利用の効率を大幅に改善し，淡水の持続可能な採取及び供給を確保し水不足に対処するとともに，水不足に悩む人々の数を大幅に減少させる。

6-5　2030年までに，国境を越えた適切な協力を含む，あらゆるレベルでの統合水資源管理を実施する。

6-6　2020年までに，山地，森林，湿地，河川，帯水層，湖沼などの水に関連する生態系の保護・回復を行う。

6-a　2030年までに，集水，海水淡水化，水の効率的利用，排水処理，リサイクル・再利用技術など，開発途上国における水と衛生分野での活動や計画を対象とした国際協力と能力構築支援を拡大する。

6-b　水と衛生に関わる分野の管理向上への地域コミュニティの参加を支援・強化する。

1. 概　要

1.1. 基本的な考え方

　SDGsの目標6は，「水」と「トイレ」をターゲットとしており，具体的には「すべての人々の水と衛生の利用可能性と持続可能な管理を確保する」と謳^{うた}っている。この目標は，MDGsの目標7「環境の持続可能性の確保」を継承しつつ，その重要性から独立した目標として定められた。

　世界における水とトイレの現状について，国連が提供するSDGsの「事実と数字」に関する情報では，主として，次の点が示されている。

・世界人口の10人に3人は，安全に管理された飲料水サービスを利用できず，10人に6人は，安全に管理された衛生施設を利用できていない。

・1990年から2015年にかけ，世界人口のうち改良飲料水源を利用できる人々の割合は，76％から90％に上昇した。ただし世界人口の40％以上は水不足の影響を受け，しかもこの割合は今後，さらに上昇すると予測される。

・40億人が，トイレや公衆便所など，基本的な衛生サービスを利用できていない。

　途上国を中心に多くの国では，きれいで安全な水を入手困難な状況にある。国連によれば，2050年までに，地球に住む4人に1人以上が，慢性的または反復的な水不足を抱える国で暮らすことになると予測されている（水の2050年問題）。飲料水として飲める安全で新鮮な淡水が十分に行き届かない理由として，乾燥した環境という地理的条件によるものもあるが，都市部などからの生活排水が処理されずに流され，病気などの危険を理解しつつも，飲まなくてはならない人々もいる。さらに近年ではミネラルを豊富に含む淡水は，ミネラルウォーターという形でペットボトルに詰めて先進国などに輸出されている。この水を確保するために水源の土地を売買が行われるなど，水を求めて争う動きも起きてきている。

　一方，衛生的なトイレに関してはまだまだ十分に行き届いていない。衛生的なトイレがないことは，赤痢やコレラなどの感染症を引き起こし，命を落とし

てしまうことにもつながる。また生活排水とともに汚水が川を経由して海に流れ込むことで，アオコヤ赤潮の発生など海水の「富栄養化」を招くことにつながり，水産資源の減少などにもつながる。

　上記の問題を克服するためには，限りある水を大切に利用し，水源や河川の清掃などに力を入れ，浄水場や上下水設備などを整備して水質管理を心がけていくことである。

1.2.　水×観光＝観光資源としてのおいしい水 ― 秦野市の事例から ―

　神奈川県西部に位置する秦野市は，現在「名水の街」として観光アピールを行っている。丹沢山系からもたらされる豊富な清流は，日本の名水百選に選ばれている。市内には豊富な湧水が至るところでみられ，市民はもちろん東京都内からも水くみ場にやってきて，ポリタンクに入れて持ち返る。その名水を利用したボトルウォーター「おいしい秦野の水〜丹沢の雫〜」は，2016年に環境省主催で実施された『名水百選』選抜総選挙において，同市上下水道局が販売している「おいしさがすばらしい『名水』部門」第1位に選ばれた。これを機会に秦野市は，市内や周辺市町村での販売網拡大を進め，地域の特産品として広めている。

　古くから秦野の水は豊富でおいしいとよく知られていたが，1985年に初めて開催された「名水百選」にも選ばれ，その知名度は徐々に高まっていった。しかし，1989年，この水を利用していた地元の工場から発がん性物質が漏れだし，湧水を汚染していることが判明した。市民の生活用水であることから，市行政もこの問題にいち早く対処，全国に先駆けて1994年には「地下水保全条例」を定め浄化作業に取り組んだ。その結果，2004年には浄化目標が達成され，「名水」の復活が宣言された。

　この復活した水を守るために，秦野市は水を地域のアイデンティティとして市民をあげて，その水を守る試みを行っている。とりわけ興味深いのは，秦野の水に関するスポットをめぐる観光ルートを観光マップやHPにて紹介し，市民はもちろん，観光客に対して秦野の水をアピールしている。そのルートは秦

野駅を起点に市内の湧水スポットを歩いて回るものから，自動車を利用して水源の森や市内の遊水地をめぐるルートまでさまざまである。観光客に対しては，途中のスポットでおいしい水を使ってできたソバなどのグルメや，水に関する昔話や伝説の舞台を訪れるなど，水を通じて秦野の歴史や文化を経験できるのである。この水をテーマにした観光振興策は，市街の人々に対して秦野のイメージづくりに貢献するのはもちろん，市民に対しても名水の里という地元に対するアイデンティティを醸し出すことに貢献している。水と観光を利用した地域デザイン作りの成功事例のひとつといえるだろう。

(秦野観光協会 HP「秦野の"旬"な観光資源」https://kankou-hadano.org/ 2023 年 7 月 1 日閲覧)

2. 目標 6 に向けた SDGs における目標と方策

「目標 6 安全な水とトイレを世界中に」を達成するために，SDGs では具体的な目標を次のように掲げている。

まず大目標として，2030 年までに，だれもが安全な水を，安い値段で利用できるようにし (6-1)，だれもがトイレを利用できるようにして，屋外で用を足す人がいなくなるようにすることを掲げている (6-2)。

水をめぐる管理に着目し，水の汚染やごみや有害物質を排出しないこと (6-3)，またきれいな水を効率よく入手し，水不足に苦しむ人を出さないようにすることを求めている (6-4)。

さらに国境を越えて水源の管理に協力し (6-5)，川や湖に加え，森や地層といった水に関連する生態系の保全に心がけることを指摘している (6-6)。

これらの目標達成に向け，海水淡水化装置などの水の供給やトイレに関する技術の導入に向けた国際協力 (6-a) および水を管理するためのコミュニティでの協力体制の強化を求めている (6-b)。

3. 日本における具体的な取り組み

Sustainable Development Report 2023 によれば，日本におけるこの目標の達成度は，「課題が残っている」段階であるが，目標達成に向けた進捗傾向と

しては毎年「順調に改善を示している」状況にある。水道の水をそのまま飲め，
水洗トイレが十分に普及している日本としてはこの評価は低いように思われ
る。これについて，松原（2019）は，「再生可能な水資源からの良質でフレッシュ
な水の回収率や輸入地下水の消費量といった点で低評だった」ことを指摘し
た。

　こうした問題に対する具体的な取り組みのひとつに，子どもたちに対して，
水の重要さや水を管理することを学ぶ機会を与える「水育運動」があげられる。
かけがえのない豊かな自然環境を次世代に引き継ぐため，いくつかの企業や
NPO団体では，週末や長期休暇を利用して，子どもたちが自然のすばらしさ
を感じ，水や，水を育む森の大切さに気づき，未来に水を引き継ぐことを目的
とした教育プログラムである「森と水の学校」（サントリーグループ）などの出
張授業が行われている。

　日本企業や団体がすすめる具体的な取り組みとしては次の事例がある。
・AI水循環システム「WOTA BOX」の開発。100ℓの水を繰り返し約100回
　のシャワーに使える浄水装置で，最新のろ過器に通して水道水に近いレベル
　にまで浄化。AIで水質を管理することで，連続で1週間ほど使えるため，
　災害が起こったときにも活躍（WOTA）。
・（従来チーズ原料を冷却する熱交換器に使用する井戸水では，1回の通水で排水し
　ていたが，）生産ラインに冷凍機を設置し，井戸水を循環させて冷却に再利
　用させることで，年間の水使用量を約1万6,000m³削減（明治・軽井沢工場）。
・商品製造で使う良質な地下水の持続可能性を保全するため，2003年から各
　地の自治体や森林所有者と数十年にわたる中長期の契約を結び，「天然水の
　森」として水を育む森づくり活動の実施。この活動をより持続可能なものと
　するために，水源涵養機能の向上と生物多様性の保全を大きな目標として，
　技術やリテラシーを継承するための人材育成支援や次世代環境教育にも注力
　（サントリーグループ）。

☕ 国際理解コラム：ツバル―環境破壊をもたらした水洗トイレ支援―

　中部太平洋の小さな島国・ツバルは，９つの環礁という島から構成されている。ドーナツ状の形をし，サンゴ礁でできた環礁は，最大標高が３ｍ程度のとても低平な地形である。そのため，近年の地球温暖化にともなう海面上昇により，水没の危機に瀕していると懸念され，欧米などのメディアでもしばしば取り上げられている。

　しかしながら，ツバルの自然環境の変化について調査をしていると，現在島で起きている現象を単純にすべて気候変動による海面上昇の影響として捉えることには慎重にならざるを得ない。とりわけ，ツバルを構成する環礁の土壌の調査から見えてきたこととして，ツバルの国土に対して人間がもたらした悪影響が少なくないということがわかってきたのである。

　ツバルの国土の３分の２は石灰質の殻を作るホシズナなどの有孔虫の死骸から構成されており，有孔虫やサンゴなどによる砂生産が国土の形成維持に大きな役割を果たしてきた。

　しかしながら，近年の人口増加や経済発展を背景に，海岸地形の人工的な改変に加え，生活排水や廃棄物などのローカルな問題が有孔虫生産力の低下を招いている。

　フナフチ環礁の中心部・フォンガファレ島の人口は 4,492 人であり，639 軒の住居があることが報告されている。白い砂浜が広がるこの島ではあるが，近年，大潮の干潮時にラグーン側の海岸で硫化水素臭のする灰色砂が観察された。住居付近の砂浜を約 50cm 掘ったところ，同様の灰色砂が出現した。海水に含まれる硫酸塩と生活排水に含まれる有機物により硫酸塩還元反応が起こった結果と考えられる。環礁の地盤は透水性が高いことから，満ち潮のときに腐敗槽内に海水が浸入し，引き潮のときに地中を通じて生活排水が海岸に流出しており，これが主要な水質汚濁の原因であると結論づけられている。

　下水処理場のような集合処理施設はなく，424 軒（67％）は生活雑排水とトイレ排水を受け入れる簡易浄化槽が地中に埋設されている。ただし，日本のように送風して好気性処理を行う装置ではなく，沈殿処理のみを行っているにすぎない。また残りの 163 軒（26％）は「ピット式トイレ」と呼ばれる土壌浸透式トイレが使用されている。つまり，92％の住居は国連ミレニアム開発目標に記載されている衛生施設を所有している。しかしながら，腐敗槽の底部は施工されておらず，ピット式トイレも含めてすべてボトムレスで，汚物などは土壌にそのまましみこんでいく。生活排水や汚物はそのまま島の沿岸に流出しているのだ。これら設備は豪州からの経済支援によるものである。

　このように汚濁の原因が底なしの合併浄化槽にあり，満潮時に底部から海水が浸透し，干潮時に汚水が漏れ出していることがわかってきた。この汚濁が，

ホシズナとして知られる有孔虫の生育にも影響を及ぼしている可能性が高い。暖かくきれいな海でしか細胞分裂をしない有孔虫にとって，フォンガファレ付近の海はすでに住処ではない。ホシズナが供給されない結果，フォンガファレ付近の砂浜では砂がどんどん海へと流され，砂浜が消えていっているのである。あたかも海面上昇の影響で沈んでいるがごとく。

　ツバルにも，先進国のように下水処理施設の導入が必要である。下水管を整備することにより発生源から排水を集めて処理すれば，生活排水に伴う，海水の富栄養化は進まないですむだろう。ただし，こうした施設は運営維持のため，高いランニングコストがかかってしまう。また環礁国では，低平な地形のため下水管の勾配が確保できず，自然流下による下水の輸送が困難である。そのため，先進国が支援する自国で導入された下水処理施設は現段階の環礁国には向かない。むしろ，島嶼国の状況に即した水の供給設備やトイレの処理施設が望ましい。この問題に取り組むべく，東京大学と茨城大学の合同チームがこうした環礁国でも十分対応できるような水処理やトイレ施設を提供できるように研究を進め，海水中の硫酸塩と潮の干満を利用したツバルに最適な生活排水の処理方法を考案した。

（https://jst.go.jp/pr/announce/20140715/index.html 2023 年 8 月 1 日閲覧）

写真8-1　上空から見たツバル環礁フォンガファレ島（平均海抜 2 ～ 3 m しかない）

第9章 目標7 エネルギーをみんなに そして クリーンに

日本でも再生可能エネルギーをどんどん普及させないとダメ。でも，そのための発電はまだまだコストが高いなど障壁も多い。公共施設や各世帯が太陽光パネルを積極的に導入するなどしていけば，コストも下がり，自然にも優しいよ。

〈目標7のターゲット〉

7-1 2030年までに，安価かつ信頼できる現代的エネルギーサービスへの普遍的アクセスを確保する。

7-2 2030年までに，世界のエネルギーミックスにおける再生可能エネルギーの割合を大幅に拡大させる。

7-3 2030年までに，世界全体のエネルギー効率の改善率を倍増させる。

7-a 2030年までに，再生可能エネルギー，エネルギー効率及び先進的かつ環境負荷の低い化石燃料技術などのクリーンエネルギーの研究及び技術へのアクセスを促進するための国際協力を強化し，エネルギー関連インフラとクリーンエネルギー技術への投資を促進する。

7-b 2030年までに，各々の支援プログラムに沿って開発途上国，特に後発開発途上国及び小島嶼開発途上国，内陸開発途上国の全ての人々に現代的で持続可能なエネルギーサービスを供給できるよう，インフラ拡大と技術向上を行う。

1. 概　　要

1.1.　基本的な考え方

　SDGs の目標 7 は,「エネルギー」をターゲットとしており, 具体的には「すべての人々の, 安価かつ信頼できる持続可能な近代的エネルギーへのアクセスを確保する」と謳っている。この目標は, MDGs の中では指摘されていなかった。蟹江（2020）によれば, この目標は「万人のための持続可能なエネルギー」という国連によるイニシアティブがベースとなっている。

　世界におけるエネルギーの現状について, 国連が提供する SDGs の「事実と数字」に関する情報では, 主として, 次の点が示されている。

・世界人口の 13％は, 依然として現代的電力を利用できず, 30 億人が薪, 石炭, 木炭, または動物の排せつ物を調理や暖房に用いている。

・エネルギーは気候変動を助長する最大の要素であり, 全世界の温室効果ガス排出量の約 60％を占めている。

・2015 年, 最終エネルギー消費に再生可能エネルギーが占める割合は 5％に達した。

　エネルギーの将来をめぐる視点として, 国連は, すべての人々が入手できるという側面と, エネルギーを入手する上で持続可能な資源を利用していくという, 2 つの問題を解決すべきであると指摘している。現在先進国のみならず, 途上国でも急速にエネルギー需要が高まっており, 今後もさらなるエネルギー消費量の増加が予測される。これに対応するため, 先進国も経済支援という形で途上国に対して, 発電施設の建設や太陽光発電機などの設置を支援している。一方, どのような形でエネルギーを入手するかも大きな問題である。石炭, 石油, 天然ガスなどの化石燃料を利用する火力発電や, ウランなどを利用する原子力発電は, 有限な資源を利用したエネルギーである。これに対して, 太陽光や風力, 地熱などの自然の力を利用した, 使ってもなくならないエネルギーは「再生可能エネルギー」といわれている。再生可能エネルギーは, 排出ガスを出さないなど環境に優しいという長所がある一方, 安定的に大量のエネル

ギーを維持する上では課題も多い。エネルギーの安定供給・経済性・環境保全を調和させた形でのエネルギーのベストミックスを考えながら，それぞれの発電を組み合わせていくべきだということも考えていくべきである。

　本目標の達成のためには再生可能エネルギーのより一層の普及は不可欠である。そのためには，多くの人々にエネルギーについての理解を深めてもらうことが重要である。太陽光発電を導入する家庭も増えており，認知度は高まっている。今後更なる普及のカギを握るのは若者の積極的な関与である。東海大学のチャレンジプロジェクト「ライトパワープロジェクト」は，学生が主体となりソーラーカーの大会への参加を通じた技術向上を図るということ同時に，地域の人々に省エネルギーの魅力を伝えるという意味でもきわめて有益な活動である。(ライトパワープロジェクト https://deka.challe.u-tokai.ac.jp/lp/ 2023 年 7 月 1 日閲覧)

1.2.　エネルギー×観光＝発電技術を理解するための観光ツアーの活用

　1990 年代以降，環境問題への関心が高まる中で，それまでの化石燃料による発電に代わる代替エネルギーへのシフトが先進国の主要な問題として取り上げられるようになっていった。クリーンエネルギーの先駆けとして脚光を浴びたのが，原子力発電である。火力発電と比べ温室効果ガスの排出がほとんどないこのエネルギーに対して，日本は環境問題解決の鍵として捉え，経済産業省を中心として原子力発電所の建設の推進を計画していた。1980 年代のソ連・チェルノブイリ原発事故の記憶が残る中，その安全性を理解するため，各地の電力会社が主催で地域の住民に対して原発の訪問を兼ねた観光ツアーを催行し，原発の有益性と安全性を伝えるという戦略を実施，参加した住民を中心にその理解が広められていった。

　この状況が一変することになるのが，2011 年 3 月 11 日の東日本大震災とそれに伴い起きた福島第一原発事故であった。それまで国民の中にあった安全神話は崩壊し，原発周辺に住んでいた住民たちが 10 年以上経っても戻れない状況からも，震災以前のように原発を次世代のクリーンエネルギーの中心に位置

づけることはほぼ不可能である。それに代わるものとして注目されてきたのが，再生可能エネルギーである。

　水力，風力，波力，地熱などを利用した自然エネルギーの割合を増やしていくという考え方は，ヨーロッパ諸国を中心に常識となっていることはいうまでもない。しかしながら，日本においては，こうしたエネルギーの普及は必ずしも順調に伸長しているとはいえない。大型の水力発電所建設に対する限界や，風力などに対してはエネルギーの安定供給への不安などがあげられている。その中で火山大国・日本において期待される分野に地熱発電があるが，これに反発しているのは温泉地などで事業を行う観光業関係者である。地熱発電に適したロケーションと有名温泉地は重なり合っているため，地元の反対の動きは無視できない。地熱発電の影響を受けて，温泉が枯渇したり，湧水量が激減するなどの影響を受けると，地域の観光業に多大な損失をもたらすことになると懸念しているからである。

　こうした中で，一部の温泉地では，地熱発電建設と観光産業を二律背反として捉えるのではなく，共存させていく動きもみせている。大分県では，経産省から「次世代エネルギーパーク」の認定を受け，太陽光や風力とともに，日本一の発電量を誇る地熱発電を紹介し，再生可能エネルギーの認知・普及に努めている。持続可能な社会における再生可能エネルギーの果たす役割を伝えていくためには，正しい情報を多くの人々に直接触れ合う機会を作ることである。日本各地の「次世代エネルギーパーク」は，そのための重要な観光スポットになり得るのではないだろうか。

2.　目標7に向けた SDGs における目標と方策

　「目標7　エネルギーをみんなに　そしてクリーンに」を達成するために，SDGs では具体的な目標を次のように掲げている。

　何よりもまず2030年までに，だれもが，安い値段で，現代的なエネルギーを使えるようにすることである（7-1）。とりわけ，再生可能エネルギーの割合を高めることを重視している（7-2）。さらに現在の倍の速さでエネルギー効率

を良くすることを目標としている（7-3）。

　この目標を達成するために，2030年までに環境に優しいエネルギー技術の発展に向けた研究を国際協力で進め（7-a），途上国での再生可能エネルギーの普及のために支援プログラムを作り上げていくことをうたった（7-b）。

3.　日本における具体的な取り組み

　Sustainable Development Report 2023によれば，日本におけるこの目標の達成度は，「重要課題」段階であるが，目標達成に向けた進捗傾向としては毎年「適度に改善している」状況を示しており，全体としては改善傾向にあるといえる。ただし，再生可能エネルギーの普及が進んでいない点などは大きな課題である。

　こうした問題に対する具体的な取り組みのひとつに，再生可能エネルギーを利用した身近な場所での発電設備の普及があげられる。東日本大震災後，各地で安全性への不安から原子力発電所が稼働停止されるなか，積極的に再生可能エネルギーを用いた発電設備が設置されていった。各家庭はもちろん，高齢者施設や障がい者施設，または耕作放棄地などに屋根付き太陽光発電パネルを設置して，新たなエネルギーの供給先を作り出していく。再生可能エネルギーによる発電は安定的な供給において課題があるといわれているが，他方で現在の日本は石油・石炭・天然ガスなどエネルギー資源を海外からの輸入に依存している。再生可能エネルギーの普及はエネルギー資源の地産地消政策と位置づけることもできる。

　また，日本企業や団体がすすめる具体的な取り組みとしては次の事例がある。
・地域密着型の電力会社である湘南電力株式会社。神奈川県内でつくられた電気を，地域内の企業や学校，一般家庭に供給している。その電気は，太陽光や小規模水力，バイオマスなど，温室効果ガスを排出しない再生可能エネルギーによってつくられている。地元でつくられた再生可能エネルギーによる電気を使う人が増えれば，クリーンなエネルギーの利用割合がそれだけ増えることになり，地球環境への負荷を減らすことができる。いまの日本は，エ

ネルギーの大半を海外から輸入した石油や石炭などの化石燃料に頼っている。その依存をやめることができれば，巨額の輸入費用も節約できる。地域産のエネルギーを地域で無駄なく使う。それは地域のみならず，日本中の人の暮らしを豊かにすることにもつながっていく。

・鹿児島県薩摩川内市の上甑島で実施している，再生可能エネルギーの最大導入と EV（電気自動車）の普及を両立する「低炭素循環型地域」のモデル事業。電気自動車の中古電池を再利用した「大型 EV リユース蓄電池システム」を設置し，再生可能エネルギー環境を促進。島内に 40 台の EV を導入することで日本有数の EV 普及エリアを構築。普段は観光客の送迎や市民生活の利便性向上等に運用（住友商事）。

・ZEB（ネット・ゼロ・エネルギー・ビル）という，省エネと創エネで，エネルギー消費量を削減し，年間エネルギー収支がゼロになる建物の実現。熊本県内の既存ビルのリノベーションにおいて，空調・照明・換気・太陽光発電等の設備を納入し，国内で電機メーカー初の ZEB プランナーとして，70％の省エネを実現（三菱電機）。

・2010 年 9 月より始まった環境省浮体式洋上風力発電実証事業で，長崎県五島市椛島周辺海域で，2013 年 10 月に世界初のハイブリッドスパー型（浮体部の下部をコンクリート，上部を鋼で構成した浮体形式）である実証機の設置に成功。2016 年 3 月に環境省から五島市に譲渡され，同市と戸田建設子会社により，崎山漁港沖にて発電事業を実施（戸田建設）。

☕ 国際理解コラム：クック諸島―100%再生可能エネルギーに向けた
　　　　　　　　挑戦と日本の役割―

　15の主要島で構成されるクック諸島は，赤道を挟んでハワイの反対側に位置
する，南太平洋に浮かぶ島嶼国である。人口約1万5千人（2019年），面積
237km^2（鹿児島県の徳之島と同等），首都アバルアのあるラロトンガ島に全人口
の約8割が暮らしている。主な産業は観光で豊かな自然や文化が世界中の人々
を魅了し，年間15万人を超える観光客が訪れている。多くの観光客にクック諸
島での滞在を満足してもらうためにも安定した電力供給は重要課題となってい
る。

　現在クック諸島は再生可能エネルギー導入への移行期となっており，全島で
の再エネ導入100%が国家目標である。自国の電化率はほぼ100%，停電も少
なく，太平洋の22の島国・地域の中でも高い電力供給信頼度を誇っている。一
方で，国内北部の離島では無電化地域も少なくない。またラロトンガ島でも
ディーゼル発電が中心のため，国際的な石油や天然ガスの高騰により，大きな
負担を被ることになる。海外のエネルギー資源価格に左右されるため，安価で
安定したエネルギー供給を得ることができることを，同国政府関係者も最重要
課題と考え，欧米諸国などからの支援を求めている。

　クック諸島は，化石燃料からの脱却を目指して大規模な太陽光発電所や風力
発電所，水力発電所など再生可能エネルギーの使用へ大きく舵を切ってきた。
しかしながら，再生可能エネルギーのための発電所施設を建設していけばいい
かといえば，そう単純な話ではない。再生可能エネルギーが抱える問題点があ
るからだ。

　再生可能エネルギーの割合が増大するにつれ，電力供給網の信頼性が低下す
るというジレンマも発生していた。風力発電と太陽光発電が電力供給網のピー
ク需要の20%以上を供給する場合，供給源が一定でないため電力供給網が不安
定になる可能性があり，最悪の場合は停電が発生していたのだ。そのため，こ
れまでは依然としてディーゼル発電に依存せざるを得ない状況だった。

　持続可能なエネルギー発電を目指す太平洋島嶼国に対して，日本は2009年
に太平洋環境共同体基金（PEC基金）を設定し，日本の進んだ技術である太陽
光エネルギーと海水淡水化装置を太平洋の島国に積極的に支援するプロジェク
トを実施した。日本政府が68億円を拠出し，太平洋諸島フォーラムが運営して
きた。太平洋の島国は，各国最高4億の PEC 基金を活用して，太陽光エネル
ギープロジェクトや農村部の電化事業を実施した。クック諸島に対しても離島
のラカハンガ島に太陽光発電を利用したグリッドシステムを導入する支援を
行った。日本企業の科学技術を利用することを条件とした支援であったが，そ
のことに対して，当時の首相であるヘンリー・プナ氏は，感謝の意を込めつつ

次のようにコメントした。「日本が太平洋諸島に対して積極的に貢献してくれる
のならば，我々は環境技術のショールームになるのは大いに歓迎である」。

　日本も再生可能エネルギーの普及と同時に，安定的な電力を供給するベース
電源としての火力発電の重要性も認め，温暖化を進めるような排出ガスを出さ
ないよう発電機能を向上させる支援も実施している。日本政府としても島国を
はじめとした途上国のエネルギー技術支援においては，さまざまな電源のメ
リット・デメリットを勘案し，効率よく組み合わせ，安価で安定した安全なエ
ネルギーを提供することを目指している。

　クック諸島を含めた太平洋の島国は，2030年に向けて100%再生可能エネ
ルギーを目指す高い目標を掲げている。その目標達成は，日本からもたらされ
る技術革新を前提としているのかもしれない。

写真9-1　再生可能エネルギーである太陽光発電設備（ニウエ）

第10章　目標8　働きがいも経済成長も

教員生活40年。子どもたちに英語を教え，部活でサッカーも指導した。定年で退職したけど，まだまだ働ける。生きがいがないと老け込んじゃう。不安だなあ。まだまだ元気な我々の世代を無駄に遊ばせておいちゃ，もったいないぞ。

〈目標8のターゲット〉

8-1　各国の状況に応じて，一人当たり経済成長率を持続させる。特に後発開発途上国は少なくとも年率7％の成長率を保つ。

8-2　高付加価値セクターや労働集約型セクターに重点を置くことなどにより，多様化，技術向上及びイノベーションを通じた高いレベルの経済生産性を達成する。

8-3　生産活動や適切な雇用創出，起業，創造性及びイノベーションを支援する開発重視型の政策を促進するとともに，金融サービスへのアクセス改善などを通じて中小零細企業の設立や成長を奨励する。

8-4　2030年までに，世界の消費と生産における資源効率を漸進的に改善させ，先進国主導の下，持続可能な消費と生産に関する10か年計画枠組みに従い，経済成長と環境悪化の分断を図る。

8-5　2030年までに，若者や障害者を含む全ての男性及び女性の，完全かつ生産的な雇用及び働きがいのある人間らしい仕事，並びに同一労働同一賃金を達成する。

8-6　2020年までに，就労，就学及び職業訓練のいずれも行っていない若者の割合を大幅に減らす。

8-7　強制労働を根絶し，現代の奴隷制，人身売買を終らせるための緊急かつ効果的な措置の実施，最悪な形態の児童労働の禁止及び撲滅を確保する。2025年までに児童兵士の募集と使用を含むあらゆる形態の児童労働を撲滅する。

8-8　移住労働者，特に女性の移住労働者や不安定な雇用状態にある労働者など，全ての労働者の権利を保護し，安全・安心な労働環境を促進する。

8-9　2030年までに，雇用創出，地方の文化振興・産品販促につながる持続可能な観光業を促進するための政策を立案し実施する。

8-10　国内の金融機関の能力を強化し，全ての人々の銀行取引，保険及び金融サービスへのアクセスを促進・拡大する。

8-a　後発開発途上国への貿易関連技術支援のための拡大統合フレームワーク（EIF）などを通じた支援を含む，開発途上国，特に後発開発途上国に対する貿易のための援助を拡大する。

8-b　2020年までに，若年雇用のための世界的戦略及び国際労働機関（ILO）の仕事に関する世界協定の実施を展開・運用化する。

1. 概　要

1.1.　基本的な考え方

　SDGs の目標 8 は,「労働」と「経済成長」をテーマとしたものであり, 具体的には「包摂的かつ持続可能な経済成長及びすべての人々の完全かつ生産的な雇用と働きがいのある人間らしい雇用（ディーセント・ワーク）を促進する」ことを目標としている。蟹江 (2018) によると, この目標は MDGs の目標 1「極度の貧困と飢餓の削減」の 1 ターゲットであった「ディセント・ワーク」の項目を独立させ, 同時に, SDGs の特色である経済・社会・環境を統合した形での持続可能な開発を図ること, とりわけ従来の大量生産・大量消費の経済成長から脱却して新たな経済成長モデル構築を求めるものであったと指摘した。

　世界における「労働」と「経済成長」の現状について, 国連が提供するSDGs の「事実と数字」に関する情報では, 主として, 次の点が示されている。

・全世界の失業率は 2017 年に 5.6％と, 2000 年の 6.4％から低下した。ただし, 2016 年から 2030 年にかけ, 全世界で新たに労働市場に参入する 4 億 7,000万人に雇用を提供することが求められている。

・全世界的な男女の賃金格差は 23％であり, 決定的な対策を取らない場合, 賃金平等の達成にはさらに 68 年を要する。男性の就労率が 94％に対し, 女性の就労率は 63％に止まっている。女性による無償の育児・家事労働は依然として男性の 2.6 倍に当たる。

　本目標の重要な概念として「ディーセント・ワーク」があげられる。国際労働機関（ILO）によれば, この言葉は,「権利が保障され, 十分な収入を生み出し, 適切な社会的保護が与えられる生産的な仕事」と定義される。十分な収入と社会保障を得て, 生きがいのある人間らしい仕事を確保できることは, 結果として, 社会や経済の発展に貢献することにつながると考えられる。(ILO https://ilo.org/global/lang--en/index.htm 2023 年 7 月 1 日閲覧)

　途上国の労働環境で問題となっているのは, 児童労働である。世界には, 児童労働を行っている 5 〜17 歳の子どもが約 1 億 5,200 万人いるといわれてい

る。多くの場合は，家族の収入を得るために過度な労働条件の下で働かされているほか，家族から無理やり引き離され，戦争や内乱の戦闘員として戦わされる「子ども兵士」を含まれている。

　一方，途上国に加え先進国でも，労働環境に関する問題は存在している。女性や障がい者などに対する賃金格差の問題もそのひとつである。また十分な収入を得るだけの仕事であっても，パワハラを受けたり，過剰労働を強いられている人もいる。こうした問題の背景には，雇用の場におけるミスマッチなども指摘されている。持続的可能な経済成長を達成するためには，人々がその能力に適した職業につけるような労働市場のしくみを構築することや，現状十分に活用されていない人々（具体的には，家庭内で家事労働を強いられている女性や健康な高齢者）の雇用拡大などを推進していくことであろう。

1.2.　雇用×観光＝観光がもたらす地域産業

　地域社会における観光業の特徴として，地域における多種多様な産業に利益をもたらす点である。観光地までの移動手段である交通手段（鉄道，バス，タクシー）の利用に加え，滞在先での宿泊先や食事をするためのレストランなども立ち寄る。またスポーツ施設やアミューズメントパークなどの娯楽施設に加え，土産などを買うための商店などさまざまな地域のビジネスに貢献する。

　観光業の促進は，それまで観光資源として顧みられることのなかった現地の文化に対しても影響を与える。それまで地域の信仰の一部として伝承されてきた神楽や舞などの民俗芸能も，地域の文化に触れる機会として観光スポットに組み込まれていく。

　観光と結びついた民俗芸能は，その形態にも大きな変化が生じる影響を及ぼす。観光客の予定に合わせる形で，各地でさまざまな変容がおきている。観光客が訪れやすい週末に開催日が変更されたり，バスツアーなどでの滞在時間に合わせるために実演の時間を短く編集するなど，長く継承されてきた演技とは異なるものに変容させてしまった。民俗芸能に対する観光業の影響について，文化財保護などの視点に立つ民俗学者や地元の郷土家からは，本来の民俗文化

が歪曲されていると批判的な態度を示すことが多い。

　しかしながら，実際の観光資源化されていく民俗芸能の事例をみていくと，こうした変化を時代のニーズに基づくものであるとして受け入れているケースが多い。それどころか，むしろ観光資源として民俗芸能に光が当てられたことによる好ましい効果を指摘する者もいる。民俗芸能が継承されている農村社会の多くは過疎化の影響を受け，継承者となる若者の不足が問題となっている。観光資源として民俗芸能に着目されるようになると，自分たちが受け継いでいる技術を観光客から評価され，直接賛美の拍手などを受けることによって，民俗芸能を継承していくことに対するモチベーションの向上につながっていく。また，観光客たちが支払っていく観覧料などは民俗芸能を保存していくための資金として活用される。さらに観光業とともに民俗芸能の知名度が高まることで，地元の人々はもちろん，他地域に移り住んだ人々にとっても地域のアイデンティティを示す象徴となっている場合もある。民俗芸能をモチーフにしたマスコット人形などを地元の土産にしているのもその一例といえよう。観光業を通じて埋もれた観光資源を見出していくことは，新たな雇用を生み出すとともに，地域の人々の生きがいや誇りを創出するというメリットにもなっている。

2. 目標8に向けたSDGsにおける目標と方策

　「目標8　働きがいも経済成長も」を達成するために，SDGsでは具体的な目標を次のように掲げている。

　まず各国が経済成長を持続し，とりわけ途上国はGDPが年7％以上の成長率を達成できることを目標としている（8-1）。そのために農業やサービス業の分野での機械化により経済の生産性をあげていき（8-2），誰もがやりがいのある仕事を行えるように会社を設立できるようにする（8-3）。生産と消費のバランスを考えて資源を無駄にしない計画を先進国が立てていき（8-4），同一労働同一賃金など性別や人種などでの就労機会の差別をなくし（8-5），若者たちに職業訓練の機会を与えていく（8-6）。また子どもの人身売買や奴隷的な労働をさせないように監督し（8-7），女性の労働環境を安定させていく（8-8）。また

2030年までには地方などに対して持続可能な観光業を普及させるようにしていく（8-9）。これらの労働環境を支える上での金融サービスを整備していくとした（8-10）。

　これらの目標を達成するため，具体的には先進国が途上国に対して貿易を拡大させるような支援を行い（8-a），2020年までに若者の就労に関する世界的な戦略を展開していくことを示した（8-b）。

3. 日本における具体的な取り組み

　Sustainable Development Report 2023によれば，日本におけるこの目標の達成度は「重要な課題が残っている」であり，2022年の「課題が残っている」からダウンした。目標達成に向けた進捗度も「適度に改善している」状況である。達成度が後退した理由として，マイナス成長を記録するなど1990年代から続く断続的な経済成長の停滞に加え，強制労働に関係した輸入品が多いことが指摘されている。また目標達成のためのカギとしては，同一労働同一賃金の達成をはじめとした若者の雇用に向けた戦略作りが指摘されている。

　こうした問題に対する具体的な取り組みのひとつに，高齢者の経験を活かした形で積極的に雇用する政策があげられる。少子化が問題となってきた日本では近年，労働人口の減少が大きな問題となっている。それを補う上で高齢者の継続雇用は重要な労働力として考えられている。企業では定年年齢を引き上げたり，再雇用制度を充実させるなどさまざまな努力がなされている。一方で，雇用される側の働き方を十分理解しているとはいえない。多くの労働者は金銭的な面以上に，長年培ってきた自分のスキルを活かし，社会に貢献できるような仕事を求める傾向がある。こうした雇用される側のやりがいなどを活かした高齢者の労働環境を整備していく動きは必要である。具体的には，定年を迎えた教員に対して地域の学童施設などで学習支援やスポーツなどの指導に専念させる指導員として雇用するという試みは，高齢者に対するディーセント・ワークを実現する上でのひとつの方法であろう。

　また，日本企業や団体がすすめる具体的な取り組みとしては次の事例がある。

- ホームレスや生活保護受給者，ニートの若者などが農業の基礎的な技能を学び，その世界で仕事に就くことをサポート。スクールに参加した人の半数近くが，その後就労を果たし，そのうち 3 割以上は農業の道に進んでいる。働くことにつまずいてしまった人たちが，農業で働きがいを見つけ，自立のチャンスをつかむと同時に，高齢化などにより深刻な担い手不足にあえぐ日本の農業を元気にするのに貢献（NPO 法人農スクール）。
- 副業の自由化，社員の約半数が副業を実施。2016 年より，世の中に先駆けて社員の副業の自由化を行い，個人のスキルや経験の拡大とともに，新しい働き方のデータとして，サービスの検証・改善にも活かす（クラウドワークス）。
- 最新のロボティクス，センシング，通信，ハプティクス（感触を疑似的に伝達）等の技術を結集した「AVATAR」の開発によって，物理的に離れた場所におけるコミュニケーションやロボットの遠隔操作による作業を可能にした。既存 AVATAR 関連技術を用いて，大分県を「ANA AVATAR テストフィールド」とし，産官学で連携し，教育，医療，観光，農林水産，宇宙開発等の分野において AVATAR 関連技術のサービス実証を開始し，新たな市場開拓を推進（XPRIZE 財団）。

🍵 国際理解コラム：トンガ王国—小島嶼国にみる自給自足経済と海外へ
の出稼ぎの関係—

　太平洋諸島の人々にとって，望ましい働き方とは何であろう。お金を稼ぐこ
とが最も重要なのであろうか。そんなことを考えさせられる経験を南太平洋の
島国・トンガでしたことがある。

　ポリネシアの王国・トンガの人口は約10万人で，サモア独立国に次ぐ人口
を有している。一方，トンガから外国への移民やの出稼ぎ労働者もトンガの人
口と同じ約10万人いる。トンガには地域でも有名な肥沃な土壌が広がり，タロ
イモなどの農作物を栽培し，漁労や食物採集を基盤とした自給自足の生活を営
んできた。1980年代には，カボチャの栽培を行い端境期を利用して日本市場に
輸出するなど商品作物栽培も成功させた時期もある。こうしたビジネスを成功
させたきっかけになったのは，国を挙げての人材育成強化である。優秀な子ど
もたちには積極的に海外に出ていき，高等教育を身につけさせ，世界で通じる
人材へと育成していくことに力を入れた。その結果，博士号取得者に関して10
万人当たりの人数は世界で最も高い国となった。

　その一方で，地方や離島地域ではまだまだ自給自足を基盤とした生活が色濃
く残っている。現金収入を獲得する必要がある場合は，森や海浜に行き木の実
などを拾い，ある程度集めたら首都ヌクアロファにある工場に持っていき換金
するという生活である。最低必要な現金を入手できればいいのであり，決して
仕事に拘束されることはない。

　ところが，近年工場によると，こうした木の実を採集する人手が足りなくなっ
てきているという。こうした自給自足をしていた人々が，季節労働者として
ニュージーランドなどに行き，果物採集の短期労働を行うという。1回の仕事
は3カ月程度ではあるが，トンガ国内での最低賃金と比べてはるかに高い収入
が得られるため，出稼ぎに行ってしまう。その結果，労働者が不足するという
事態が生じていたのだ。確かに海外に行くということはその期間は故郷を離れ
なくてはならないし，与えられた時間内に仕事をすることが求められるなど拘
束を余儀なくされる。なかにはこれに耐えられず，逃げ出してしまうものもい
るという。

　トンガを含めた太平洋の島々の人々にとって，海外で金を稼ぐことはごく普
通のことである。島国もグローバリゼーションのなかに組み込まれるように
なってきた。特に豪州，ニュージーランドに出稼ぎに出ているトンガ人からの
送金はトンガ経済にとって，非常に重要である。世界銀行の調査によると，世
界の送金市場は急速に伸びている。そしてGDPに送金が占める上位10カ国の
うち，サモアが3位で，トンガは6位である。国家の経済が，他国に出稼ぎ労
働へ行っている人たちの送金で成り立っていることが理解できる。

　送金をするトンガ人たちの職業もさまざまである。オーストラリア，ニュージーランドをはじめ日本に来て高給を稼ぐラグビー選手もいるが，多くのトンガ人は上述の通り果実を収穫する短期間の仕事か，清掃業やガードマンなどといった必ずしも都市部で生活を送る上で十分な給料を得ているわけではない。それでも本国での最低賃金と比べた場合極めて高いため，若者を中心に多くのトンガ人が海外に出ていくのである。

　多くのトンガ人にとっては自給自足での生活こそが，彼らにとって本当の働き方なのかもしれない。ただし，今日どんな離島地域でも現金収入は不可欠な時代である。稼ぐためにビジネス環境から抜け出せないでいるよりも，数カ月だけの短期出稼ぎで最低限度の現金収入を獲得する。こちらの方が，グローバル社会に組み込まれた今日，彼ららしく生きていく上では望ましい働き方なのかもしれない。

写真 10-1　トンガから海外へ輸出されるカボチャ
出典：PIC

写真 10-2　トンガ国内で開かれた地元の商品の展示会

第11章　目標9　産業と技術革新の基盤をつくろう

日本が経済成長を遂げられたのは技術革新と人材の育成に成功したから。でも最近，小中学生の理科嫌いが増えている。日本の産業を支える科学技術の将来が心配。学校とは別に，子どもたちが気軽に科学に触れ合える機会を作れないものかなあ？

〈目標9のターゲット〉

9-1　全ての人々に安価で公平なアクセスに重点を置いた経済発展と人間の福祉を支援するために，地域・越境インフラを含む質の高い，信頼でき，持続可能かつ強靱（レジリエント）なインフラを開発する。

9-2　包摂的かつ持続可能な産業化を促進し，2030年までに各国の状況に応じて雇用及びGDPに占める産業セクターの割合を大幅に増加させる。後発開発途上国については同割合を倍増させる。

9-3　特に開発途上国における小規模の製造業その他の企業の，安価な資金貸付などの金融サービスやバリューチェーン及び市場への統合へのアクセスを拡大する。

9-4　2030年までに，資源利用効率の向上とクリーン技術及び環境に配慮した技術・産業プロセスの導入拡大を通じたインフラ改良や産業改善により，持続可能性を向上させる。全ての国々は各国の能力に応じた取組を行う。

9-5　2030年までにイノベーションを促進させることや100万人当たりの研究開発従事者数を大幅に増加させ，また官民研究開発の支出を拡大させるなど，開発途上国をはじめとする全ての国々の産業セクターにおける科学研究を促進し，技術能力を向上させる。

9-a　アフリカ諸国，後発開発途上国，内陸開発途上国及び小島嶼開発途上国への金融・テクノロジー・技術の支援強化を通じて，開発途上国における持続可能かつ強靱（レジリエント）なインフラ開発を促進する。

9-b　産業の多様化や商品への付加価値創造などに資する政策環境の確保などを通じて，開発途上国の国内における技術開発，研究及びイノベーションを支援する。

9-c　後発開発途上国において情報通信技術へのアクセスを大幅に向上させ，2020年までに普遍的かつ安価なインターネットアクセスを提供できるよう図る。

1. 概　　要

1.1.　基本的な考え方

　SDGs の目標 9 は，「産業」と「技術革新」をテーマとしたものであり，具体的には「強靱（レジリエント）なインフラ構築，包摂的かつ持続可能な産業化の促進及びイノベーションの推進を図る」ことを目標としている。SDGs ジャーナルによれば，本目標が組み込まれた理由として，途上国の多くが基礎インフラ（電気，ガス，水道，交通，インターネットなど生活に必要な施設や設備）が未整備で，これが解決されれば人々の生活水準の向上および持続可能な発展につながる技術革新に貢献すると指摘した（SDGs ジャーナル：https://sdgs-support.or.jp/journal/goal_09/ 2023 年 7 月 1 日閲覧）。

　世界における「産業」と「技術革新」の現状について，国連が提供する SDGs の「事実と数字」に関する情報では，主として，次の点が示されている。

・多くの開発途上国では道路や情報通信技術，衛生施設，電力，水道といった基礎インフラが整備されておらず，世界人口の 16％ は，携帯ブロードバンド・ネットワークにアクセスできない。低所得国をはじめ，多くのアフリカ諸国では，インフラの未整備で企業の生産性が約 40％ 損なわれている。

・生産加工と製造に携わる中小・中堅企業は，産業化の初期段階で最も欠かせない存在であり，最も多くの雇用を生み出すと考えられる。こうした企業は，数にして全世界の企業の 90％ 以上を占め，雇用の 50〜60％ を創出しているからである。

　産業の技術革新の重要性については，途上国・先進国ともに重要な課題とされている。途上国における産業をみると，特定の農林水産業や鉱物資源を輸出するモノカルチャー経済が主流となっている。そのため国際市場の影響を強く受け，世界規模での経済危機などが起きると大きな損害を受ける。基礎インフラの整備は，新たな流通網や技術革新を生み出すことができ，その結果，多様な産業による持続可能な経済発展につながるのである。

　一方，先進国も主要産業において，新たな知識や技術の獲得など継続的な技

術革新が行われないと，他国との間で競争が激しくなり，ついには産業自体の衰退につながってしまう。また既存のインフラについても，すでに耐用年数が迫っている（過ぎてしまっている場合も）ことや，地震や台風などの自然災害の頻発化・大型化の影響に備えるため，施設の修築・改善や新たな機能の付与による安全性や性能の向上を図ることが求められる。

　さらにイノベーションを引き起こす上では，それを成し遂げる若き人材の育成を進めることも必要である。現在日本では，科学立国・日本を支えてきた若者の科学離れが進んでいるという。こうした問題に対して，未来の産業革新の担い手となる小中学生（とりわけ女子学生）たちが科学に身近に触れ合える機会を作ることが必要である。

1.2.　インフラ×観光＝直行便が観光地を作る―観光と交通網の関係―

　日本人観光客が海外旅行の訪問先を決める上で重要な条件になるものとして，訪問先までの直行便が就航しているかどうかという点が指摘されている。訪問先までの移動時間を短縮するという意味で，直行便の有無が訪問者数に大きく影響する。

　日本からの観光客を期待する南太平洋の島国にとってもそれはきわめて大きな問題となっている。それを示す事例としてよく比較される２つの島国にフィジーとパラオがある。フィジーは，日本とニュージーランドを結ぶ航空便の中間経由地であったことを利用し，1980年代以降日本からの観光客を誘致するプロモーション活動を実施する。90年代には，ハネムーンのメッカとして注目され，一時は年間５万人の観光客を迎えるまでに至った。しかしながら，2000年代以降，東南アジアなど多くのリゾート地が出てくる中で，日本からの観光客は激減していき，2009年には直行便が停止されてしまった。その影響はきわめて大きく，韓国や香港経由での航空便を整備していったにもかかわらず，日本人訪問者数は激減，5,000人台にまで落ち込んでしまった。

　この間，日本人観光客数を着実に伸ばしていったのは，パラオである。パラオは，1994年の独立まで米国の施政下に置かれていたが，その前は日本の委

任統治領として，同地に移住した日本人の影響から日本文化が残されていた。またその独自の生態系からなる海洋自然に着目して，1980年代よりダイビング観光開発が進められていった。そのマーケットとして選ばれたのが日本である。1990年代には，ダイビングを楽しむ観光客に特化した形で，日本から直行チャーター便を数多く就航する。こうした地道な努力の結果，日本での知名度も高まり，2010年には成田からの直行定期便が開設される。この結果，2010年代中盤には年間4万人の日本人観光客を迎えることにつながった。

　もちろん，観光客を増やすためには直行便のみでは不十分である。滞在先となるリゾートホテルなどの宿泊施設に加え，ダイビングボートや船を停留させるための港湾施設など多くのインフラの整備が必要となる。また観光客が増えたことでゴミや生活排水が自然を汚さないようにするための上下水道施設の整備なども必要となるだろう。これらが不十分であると，海洋汚染が進み，自然が失われることで観光客が離れていく。

　また航空便の就航は，経済的な要因だけで決まるわけではない。実際フィジーで2000年代に直行便が停止することになった原因には現地で起きたクーデターの影響がある。パラオの場合も直行便を就航していた米国航空会社の経営方針が大きく左右し，2018年以降は直行便が停止された。コロナ禍で，両国とも外国からの観光客の受け入れを停止しており，観光業は大きな打撃を受けている。コロナ感染症が収まり，観光業を成長させていく上では，日本を含めたアジア市場からの観光客受け入れは不可欠である。フィジーへの直行便も，コロナ禍で一時中止したものの，すぐに再開し日本からの観光客増加に向け積極的にプロモーション活動を行っている。またパラオも日本の航空会社との間で直行便を就航するべく大統領を中心に官民協力して交渉を続けている。日本からの直行便による両国の観光業の活性化がより一層進むことを期待してやまない。

2. 目標9に向けたSDGsにおける目標と方策

　「目標9　産業と技術革新の基盤をつくろう」を達成するために，SDGsで

は具体的な目標を次のように掲げている。

　まず産業促進の基盤として，すべての人のために，安くて公平であることを重視した経済発展と福祉を進めていけるように，質が高く，信頼でき，持続可能な，災害などにも強い社会・経済インフラを提供することを求めている（9-1）。また途上国がモノカルチャー経済から脱することができるよう各国の状況に応じて雇用と国内総生産に占める農業や漁業など以外の割合を大きく増やしていく（9-2）。新たな技術が開発国の小さな企業から生まれることが可能となるよう，こうした企業への資本サービスを提供できるシステムを作り（9-3），持続可能な発展に向けて資源の過剰利用を避ける（9-4）。そして，イノベーションを生み出す研究開発分野の人材の育成に力を入れることを訴えている（9-5）。

　この目標達成に向け，途上国に対するインフラ整備や資金・テクノロジー・技術面での支援（9-a），途上国の国内産業の育成支援（9-b）を進める。とりわけ情報通信インフラを2020年までに途上国に普及させることを求めた（9-c）。

3. 日本における具体的な取り組み

　Sustainable Development Report 2023 によれば，日本におけるこの目標の達成度は，2018年に「課題が残っている」段階に一度ダウンしたが，その後は「目標達成」に回復し，維持している。目標達成に向けた進捗傾向も「適度に改善している」状況を示しており，概ね高評価といえる。ただし，課題も少なくない。インフラの構築に関して，震災や台風などの自然災害への対応は課題として指摘されている（松原　2019）。また，中高生など若者の間で「理科系学問離れ」の傾向が見られ，新たな産業のイノベーションの創出には若手科学者を育成する環境づくりも必要だろう。

　こうした問題に対する具体的な取り組みのひとつに，大学などの教育機関が中心となって実施している小中高生を対象とした実験教室並びに科学ショーの実践がある。小中高生の理系学問離れを起こしている原因として，受験勉強を

重視するあまり，科学に対する興味や関心を純粋に抱かせる機会が失われていることにある。大学の研究者や大学院生が地域の公民館や学校に出向いて，学生たちと一緒に科学実験を実施し，学生たちと科学の楽しさを経験させる取り組みである。東海大学のチャレンジセンターで実施しているチャレンジプロジェクト「サイエンスコミュニケーター」が実施している実験教室などはその取り組みのひとつといえるだろう。（同プロジェクト http://deka.challe.u-tokai.ac.jp/sc/ 2021 年 8 月 31 日閲覧）

　また，日本企業や団体がすすめる具体的な取り組みとしては次の事例がある。

・理想的な資源循環社会を実現するためには，資源枯渇リスクと事業機会創出の可能性を把握し，「エコな素材を使う」「部品を長く使う」「リサイクル技術の開発」「廃車されるクルマからクルマを作る」の 4 本柱で取り組む必要があるという考えを提示。究極の循環型社会の実現を目指し，世界各地で使用済み自動車（廃車）の資源が再びクルマを製造する際の資源として活用できるよう，「Toyota Global Car-to-Car Recycle Project」を推進（トヨタ自動車）。

・FA 統合ソリューション「e-F@ctory」の提案。生産現場からリアルタイムに収集した各種データを活用目的に合わせて一次処理し，現場で活用するデータは即座に生産現場にフィードバックするとともに，上位の情報活用に必要なデータは IT システムへ供給し，全体として最適な「ものづくり」の環境を提供。この環境を用いて，継続的な改善活動をすることで，省エネルギーに大きく貢献（三菱電機）。

・大規模経営化が進む畜産農家において搾乳量の増加や妊娠率の増加，子牛の死廃回避などにより効率的な農業経営が求められている。こうした背景から，ファームノート社との協業により，畜産への ICT 技術の導入促進による牛の個体識別と行動把握を自動的に行い，牛の健康状態（発情，分娩，疾病）を予知し飼育管理に役立つシステムの構築を目指す。この取り組みにより，市場の変化，顧客のニーズの変化に迅速に対応することが可能となる（兼松）。

🏺 国際理解コラム：ナウル共和国―持続可能な経済成長を達成する困難さ―

　太平洋諸島の国々を含めて途上国といわれる国々では，農林水産業などの一次産品や鉱物資源などを採集して，海外に輸出するというモノカルチャー（単一産品）経済が多くみられる。どれほど豊富な資源量があったとしても，こうした資源簒奪型の経済は，「持続可能な経済成長」にはつながらない。むしろ，こうした形での経済を進めていくと，国家の経済はおろか，国民の生活の質の上でも悪影響を与えることがある。その事例としてしばしばあげられるのがナウル共和国である。

　南太平洋の島国ナウル共和国は，21km^2 の国土に人口わずか約1万3,000人という世界で最も小さい島国のひとつだ。かつて貴重な農業肥料となるリン鉱石を採掘，輸出することで莫大な富を得て，1980年代には国民一人当たりのGNP（国民総生産）は2万ドルにものぼる世界でもトップレベルの豊かな国となった。医療費・学費，水道・光熱費はすべて無料。税金もなく，生活費まで支給された。リン鉱石採掘などの労働すらもすべて外国人労働者に任せてしまい，国民はほぼ公務員（10%）と無職（90%）だけとなる。

　ナウルの国民もリン鉱石に依存する生活を送っていることは理解していた。しかし，自国に埋蔵されていたこの資源を採掘し，輸出をすることで国家収入を得るという経済システムを作り上げてきたため，無理をしてまで新たな産業を興したり，国内の産業基盤を改善させるような努力をすることはなかった。

　産業基盤の革新を進めなかったしわ寄せが1980年代ころから次第に表面化し始める。リン鉱石の埋蔵量に限界があることがわかり，採掘量が減少していく。この時期になり，政府も新たな産業の必要性を求め，対策に取り組むがなかなかうまくいかない。リン鉱石で得た利益を財源に周辺地域にホテルを建設するなど海外投資を行うが，世界的な不況と重なり次々と失敗，資産のほとんどを失った。パスポート販売などの不適切なビジネスを行ったことから国際社会から非難を受けるようになった。一時は国際通信費を政府ですら支払うことができなくなるまで，財政が落ち込んだ。島の中央部の台地では，リン鉱石を掘り尽くしたあとの無残な光景が広がってしまっている。近年増加傾向のサイクロンが襲った場合は被害も甚大なものになり，復旧にも大きな障害となっている。

　現在はオーストラリアの支援を受け，国家の再建に向け動き始めた。完全に枯渇したリン鉱石も，採掘技術の革新により，より深い層の採掘が可能となった。そのおかげで，約30年分の埋蔵量を計算できるようになる。また財政の豊かな時代に4台購入した政府所有航空機を他の航空会社に貸し出すなど新たなビジネスを展開しようと計画している。こうした新しいナウルの政治経済を担っているのが，潤沢な奨学金で教育を受けてきたかつての若者たちであった。

　ただし復活への道はそう容易いものではない。豊満な生活が30年にもおよんだため，国民の健康は蝕まれている。全国民の90%が肥満，30%が糖尿病という「世界一の肥満＆糖尿病大国」になってしまった。さらに，ほとんどの国民は精神まで蝕まれて，勤労意欲が消え失せてしまっている。周辺の国々のように，かつては伝統的な漁労活動で魚をとり，果物やイモをとるという自給自足の生活を送っていたが，その伝統もほぼ失われてしまった。毎日の食事をつくることすら面倒になり，レストランに通い続ける家族すらいるほどだ。

　新たな産業を作り上げていけるのか，このまま埋没してしまうのか，ナウルの未来を決めるために残された時間はあとわずかである。

写真11-1　リン鉱石の採掘跡地（ナウル）

第 12 章 目標 10 人や国の不平等をなくそう

街づくりの視点はどうも健常者の意見ばかりが通ってしまいがちだ。町の中心部や駅前以外にはまだまだバリアフリーな環境は整っていない。障がい者に優しい社会はみんなに平等で優しい社会だって気づいていないのかなあ。

〈目標 10 のターゲット〉

10-1 2030 年までに，各国の所得下位 40％の所得成長率について，国内平均を上回る数値を漸進的に達成し，持続させる。

10-2 2030 年までに，年齢，性別，障害，人種，民族，出自，宗教，あるいは経済的地位その他の状況に関わりなく，全ての人々の能力強化及び社会的，経済的及び政治的な包含を促進する。

10-3 差別的な法律，政策及び慣行の撤廃，並びに適切な関連法規，政策，行動の促進などを通じて，機会均等を確保し，成果の不平等を是正する。

10-4 税制，賃金，社会保障政策をはじめとする政策を導入し，平等の拡大を漸進的に達成する。

10-5 世界金融市場と金融機関に対する規制とモニタリングを改善し，こうした規制の実施を強化する。

10-6 地球規模の国際経済・金融制度の意思決定における開発途上国の参加や発言力を拡大させることにより，より効果的で信用力があり，説明責任のある正当な制度を実現する。

10-7 計画に基づき良く管理された移民政策の実施などを通じて，秩序のとれた，安全で規則的かつ責任ある移住や流動性を促進する。

10-a 世界貿易機関（WTO）協定に従い，開発途上国，特に後発開発途上国に対する特別かつ異なる待遇の原則を実施する。

10-b 各国の国家計画やプログラムに従って，後発開発途上国，アフリカ諸国，小島嶼開発途上国及び内陸開発途上国を始めとする，ニーズが最も大きい国々への，政府開発援助（ODA）及び海外直接投資を含む資金の流入を促進する。

10-c 2030 年までに，移住労働者による送金コストを 3％未満に引き下げ，コストが 5％を越える送金経路を撤廃する。

1. 概　　要

1.1. 基本的な考え方

SDGs の目標 10 は「格差」をターゲットとしており，具体的には「各国内及び各国間の不平等を是正する」と謳っている。この目標は，MDGs の目標 1「極度の貧困と飢餓の撲滅」や目標 3「ジェンダー平等の推進と女性の地位向上」，目標 5「妊産婦の健康の改善」などを引き継いでいる。

世界における格差の現状について，国連が提供する SDGs の「事実と数字」に関する情報では，主として，次の点が示されている。

・20％の最貧層世帯の子どもは依然として，20％の最富裕層の子どもに比べ，5 歳の誕生日を迎える前に死亡する確率が 3 倍も高くなっている。

・社会保障は全世界で大幅に拡大しているものの，障がいを持つ人々が極めて高額な医療費を支払わねばならない可能性は，平均の 5 倍にも上っている。

・所得の不平等の中には，男女間を含む世帯内の不平等に起因するものが 30％に及ぶ。女性は男性に比し，平均所得の 50％未満で暮らす可能性も高くなっている。

途上国と先進国の間にある格差についていうと，国家間の経済的な格差は，MDGs 以来，先進国と途上国が協力して貧困問題に取り組んだこともあり，少しずつ下がってきている。一方，各国国内に存在する個人・グループ間の格差も急激に拡大している。

こうした状況の中で，既存の産業の中には，1 億円以上の資産を保有する富豪層（ハイエンド層）を対象としたビジネスを展開しているところもある。しかしながら，一部の人々や産業にのみ関係する経済が成長している場合，貧困は解消されず，むしろ格差は広がる傾向となり，結果として持続可能な成長を成し遂げることができない。その意味では，むしろ貧困層の生活向上を図り，格差是正を進めることで，分厚い中間層を創出することが必要である。

格差の問題は経済面のみではない。世界には性別，年齢，障がい，人種，民族，宗教などに基づく不平等も存在している。むしろほとんどの人々は「普通」

という基準から考えたら，何かしら逸脱した面を有しているといえる。こうした違いにより，経済的な不利益を被ることは，社会においてさらなる経済的な格差を生み出すことになる。

　むしろこうした少数者の視点に立った政策を進めることは，多数派とされる人にとっても有益となる。よく「障がい者にとって優しい社会はみんなにとって優しい社会」という言葉がある。車いすの人々のために道路などの段差をなくしたり，駅などの公的施設にエスカレーターを設置することが進んでいるが，自分が怪我をして歩行が不自由にならないまでも，筆者は大きな荷物をもって移動するときにどれだけ有益だったか認識させられた。不平等を解消していくことは，多文化共生社会を推進すると同時に，多くの人々に利益となる持続可能な開発を進めていくことにつながるのである。

1.2.　格差×観光＝ハイエンド層を重視した観光推進をめぐる光と影

　国際社会の中で，国家間や個人間の経済的な格差が問題になっていることを指摘してきたが，それに伴って産業分野においてもターゲットにする層の変化がみられている。観光分野に関していえば，世界各地でハイエンド層をターゲットにした観光に対する視線が強く意識されるようになっている。

　世界のリゾート地には，欧米市場からファーストクラスやビジネスクラスを利用した直行便が就航し，五つ星級のリゾートホテルが建設され，世界中のセレブがお忍びで滞在するという場所が増えている。こうした観光リゾート施設は，現地社会にとっても雇用面や関係業種への波及効果など大きな経済的利益を生み出すものとして期待され，観光業を基幹産業に掲げている国々では，世界をまたがって経営するリゾートホテルチェーンに対して自国への誘致を促している。近年における，日本において，カジノ含めた大型統合型リゾート（IR）の誘致を求める動きが高まっているが，これもその一環といえるだろう。

　しかしながら，現実にこうしたリゾートホテルの進出が，当初現地の人々が思い描いていた青写真の通りに進むとは限らない。リゾートホテルを経営する側においても，それだけの価値を有するサービスを提供する必要性から，従業

員などの雇用を現地の人々から求めるとは限らない。サイパンなどの北マリアナ諸島では，質の高いホテル従業員を求めて，フィリピンや中国などから従業員を連れてきたというケースもある。また，リゾートホテル内で買い物からエンターテイメントまですべてが楽しめるような施設を完備しているため，観光客たちはホテルの外にわざわざ出ていかない場合も出てくる。その結果，リゾートホテルのみが経営的に潤い，周辺社会はその恩恵をほとんど受けない。さらにはカジノなどの建設は，周辺地域の人々にギャンブル依存症などの負の問題を生じさせ，治安などを悪化させるケースもみられる。このようにハイエンド層がもたらす経済利益を対価として，周辺社会に悪影響がもたらされる危険性があることも認識しておくべきであろう。

2. 目標 10 に向けた SDGs における目標と方策

「目標10　人や国の不平等をなくそう」を達成するために，SDGs では具体的な目標を次のように掲げている。

まず 2030 年までに，各国の低所得層（下位 40％）の所得を伸ばし，国内での所得格差を縮めることを重視した（10-1）。年齢，性別，障がい，人種，民族，出自，宗教，経済状態などによる差別をなくし（10-2），差別を生み出してきた慣習をなくし，平等を促すように法律を定めていく（10-3）。国内・国際両面で財政や社会保障，金融ルールが公正であるか整備・監視し（10-4, 10-5），特に金融面では途上国の積極的な参加を促進する（10-6）。また人々が自由に安心して移住できるように制度を整えることを掲げている。

こうした目標を達成するために，途上国に対して貿易の優遇策や経済支援を積極的に設けたり（10-a, 10-b），移民や出稼ぎで海外で働き，母国に送金する人々の手数料が大きな負担にならないように支援することを指摘している。

3. 日本における具体的な取り組み

Sustainable Development Report 2023 によれば，日本におけるこの目標の達成度は，「重要課題」段階である。低評価の背景としてジニ係数の低さ

（35.7/100 ＝約 0.36）と 66 歳以上の高齢者の貧困率が（19.6％）の高さがあげられる。また，目標 1 でも指摘されているが，日本では経済的格差が広がりをみせていることから，高齢社会に向けて高齢者の老後資金問題（相対的貧困）が顕在化してくることが予想される（松原 2019）。

　こうした問題に対する具体的な取り組みのひとつに，障がい者の視線に立った街づくりがあげられる。街中に設置された歩道や階段などは，多数である健常者の利便や視点に立って建設・設置されていることが多い。そのため障がい者にとっては使いづらかったり，場合によっては交通事故に巻き込まれる危険性もはらんでいる。そのため近年では，多くの自治体で障がい者の視点に立った「ユニバーサル・デザイン」による街づくりを推進している。ここで重要なのは障がい者が使いやすい施設は健常者にとっても望ましいということである。健常者であってもけがをして，身体的な非自由を被る可能性はある。また大きな荷物を所持していたり，子どもなどを引率する場合でも行動に制限が生まれる。ユニバーサル・デザインは，決してマイノリティのためにではなく，すべての人々にとって優しい街づくりを目指しているのである。

　日本企業や団体がすすめる具体的な取り組みとしては次の事例がある。

・NPO 法人アール・ド・ヴィーヴルは，さまざまな障がいのある人々が絵画やクラフトなどの表現活動を通して社会とつながり，自立することを支援する組織である。ワークショップを行うだけでなく，就労継続支援B型事業所として，作品やそれぞれの個性を，きちんと対価がもらえる「仕事」につなげるサポートをしている。活動の特長は，障がい者とその支援者が集う場所で作品をつくって終わりにしないこと。オフィスへの作品リースであれば，搬入・展示作業もほとんどを彼ら自身の手で行う。作品をモチーフにした名刺の受注制作サービスも立ち上げた。こうして表現活動を仕事にすれば，障がいのある人と社会とのつながりができる。目指しているのは，障がいのある人とない人がごくふつうに交わり，誰もが自分らしく生きられる社会だ。アートの力がそんな社会の実現を後押しする。

・LGBT などの性的少数者も含めて，誰もが働きやすい環境を整え，社員がや

りがいと誇りを持って活躍できる企業を目指し，2016 年 10 月から，社内規程上の配偶者は日本の法律で認められる配偶者に加え，同性パートナーも含めるように規定を変更。これにより，社員は該当する書類を提出し受理されれば，休暇や慶弔見舞金など配偶者を持つ社員を対象とした社内制度の適用を受けることができるようになる（ソフトバンク）。

・一日中拘束されずに，短時間の作業を組み合わせてできる清掃作業が障がい者に適していることに着目し，障がい者が清掃業の即戦力になるよう出前トレーニングを各地の中学校などで実施するとともに，清掃のノウハウを伝える学習ビデオを作成している「ワンセルフプロジェクト」。横浜国立大学と協力して，仕事をしやすくするユニバーサル・デザインの研究を実施するなどの工夫もしている（横浜建物管理協同組合）。

・脳卒中などで半身が麻痺した方や脊髄損傷などで歩行が困難な方でも，取り付けられたペダルによって，足を動かすきっかけを生み出すという画期的な車いすの製作（TBWA\HAKUHODO 社・一般社団法人 MAKOTO）。

☕ 国際理解コラム：フィジー共和国―民族間の対立を乗り越えて―

　フィジーは，「南太平洋の十字路」と呼ばれる太平洋諸島の中心的な島国である。人口は90万人で，砂糖の輸出と繊維業，そして観光業で成り立っている。とりわけ観光業は，常夏の南国イメージと並び，「ブラ・マジック」と呼ばれるホスピタリティに満ちた人柄のせいもあり，年間70万人を超える海外からの訪問者が訪れる。しかしながら，この友好的なイメージとは裏腹に，フィジーはこれまで数度のクーデタを繰り返した歴史がある。その原因のひとつが国内にある民族間の対立であった。

　現在，フィジーは約50％のフィジー系先住民と約40％のインド系住民，残りは多数の民族グループで構成される多民族国家である。インド系住民は，イギリス植民地時代にサトウキビ農園での労働力のため，1879年から1916年の37年間に6万人を超える人々が移住してきた。先住民として土地の権利を有し，身体的にも大きいフィジー先住民は軍隊や政治の世界で活躍してきた。土地の所有権も有したことから，イギリスやオーストラリアの支援もあり，政治の面でも当初からフィジー系が掌握してきた。そして伝統的な首長たちを中心に裕福な生活を送ることができた。これに対し，インド系住民は土地の所有をできないことから当初から貧しい層が多かった。一部の者たちは国際的な印僑ネットワークを利用し，ビジネス界に進出したが，割合としては貧困層が圧倒的に多く，1970年の独立時には，インド系がフィジー系の人口を上回っていた。

　両者の間は民族的な相違だけではない，宗教的にはフィジー系先住民はキリスト教であるし，インド系住民はヒンドゥー教やイスラム教である。生活などでも相いれない部分もあった。民族間の違いにより経済的な格差や，職業に就く機会の違い，文化的な違いが生まれていった。民族間の違いが，相互の対話の欠如，対立につながり，フィジーの不安定な政治が生み出された。その解決策として実施されてきたのがクーデタである。

　当初は，インド系住民が選挙などで議会の多数を獲得し，政権を掌握した後，インド系住民による政権に不信感を持ったフィジー先住民が多数を占める軍がクーデタを起こすというものだった。1987年の最初のクーデタもインド系住民が中心の国民連合党と労働党の連合政権に対して，フィジー系先住民のランブカ大佐がクーデタを起こし，憲法を改正し，民族別に議席を配分する選挙制度に変えて，フィジー系先住民が率いる政権を成立させていった。いわば，政治的既得権を守るために，選挙という民主主義の手続きで政権を担った勢力を武力で覆した。ところが2006年末に起きたクーデタはそれまでのクーデタと趣を異にする。それまではインド系住民が政権を獲得していた時に勃発したのに対して，この時はフィジー系先住民であるガラセ政権の時であった。軍司令官であったバイニマラマはフィジー系先住民とインド系住民との対立が続く状況

に違和感を持ち，クーデタを起こして腐敗していたガラセ政権を追放，自らが臨時首相となる。彼は，２つの民族の対立を超えて，フィジー系先住民でもインド系住民でもない，同じフィジーに住む「フィジー人」の国をつくるべく，憲法改正などの改革を実施した。インド系のカイユーム氏を政権 NO.2 の司法長官に就任させるなど，「フィジー人」による政治体制づくりを進めた。

　この動きに対して，周辺諸国はフィジーが民主政治を放棄し，再度クーデタを起こしたとして，またメディアの自由を厳しく制限し，軍による監視が行われるなど国民統制が実施されているとみなされ，近隣のオーストラリアやニュージーランドとの関係が冷え込み，経済制裁を受けた。バイニマラマ首相は，ひとつのフィジー人の国にするためには民族対立を超えるための時間が必要であるとし，現在の統制はその過渡期の政策と位置づけ，2014 年総選挙の実施を宣言した。実際，選挙の前年の 2013 年には，政府が作成した草案を元に，国民の意見を聴取して完成した新憲法が公布された。同憲法は，フィジー系先住民に対して土地などの伝統的権利を保護する配慮を見せつつ，同時にフィジー語とヒンディー語を初等教育課程に盛り込むなど，民族を超えた国民のアイデンティティの創出を目指す内容だった。それを受けた 2014 年の総選挙では，バイニマラマ首相の政策が支持され，議会で多数を獲得，人種差別のない初めての選挙によるフィジーの民主国家としての再出発に成功した。

　その後，気候変動問題などにおいて太平洋諸島内でリーダーシップを発揮したバイニマラマであったが，長期政権に対する国内での不満が表面化し，2022年末の総選挙では議会内で多数派を獲得できず，ランブカ元首相率いる野党３党グループに政権を譲り渡した。この結果に対してバイニマラマ首相は次のように発言している。「選挙を通じて政権交代が行われたこと自体が，自分たちの目指した『政治の民主化』が達成された証拠である。」

写真12-1　観光業を支えるフィジー系先住民　　　　写真12-2　農業地域に住むインド系フィジー人

第13章 目標11 住み続けられるまちづくりを

現在各地で少子高齢化が進んでいるといわれている。活気のあった商店街は今では空家だらけでさびれてしまった。住宅地も高齢化が進み，子どもたちの声が聞こえてこない。若者が集まる街づくりが急務だ。

〈目標11のターゲット〉

11-1　2030年までに，全ての人々の，適切，安全かつ安価な住宅及び基本的サービスへのアクセスを確保し，スラムを改善する。

11-2　2030年までに，脆弱な立場にある人々，女性，子供，障害者及び高齢者のニーズに特に配慮し，公共交通機関の拡大などを通じた交通の安全性改善により，全ての人々に，安全かつ安価で容易に利用できる，持続可能な輸送システムへのアクセスを提供する。

11-3　2030年までに，包摂的かつ持続可能な都市化を促進し，全ての国々の参加型，包摂的かつ持続可能な人間居住計画・管理の能力を強化する。

11-4　世界の文化遺産及び自然遺産の保護・保全の努力を強化する。

11-5　2030年までに，貧困層及び脆弱な立場にある人々の保護に焦点をあてながら，水関連災害などの災害による死者や被災者数を大幅に削減し，世界の国内総生産比で直接的経済損失を大幅に減らす。

11-6　2030年までに，大気の質及び一般並びにその他の廃棄物の管理に特別な注意を払うことによるものを含め，都市の一人当たりの環境上の悪影響を軽減する。

11-7　2030年までに，女性，子供，高齢者及び障がい者を含め，人々に安全で包摂的かつ利用が容易な緑地や公共スペースへの普遍的アクセスを提供する。

11-a　各国・地域規模の開発計画の強化を通じて，経済，社会，環境面における都市部，都市周辺部及び農村部間の良好なつながりを支援する。

11-b　2020年までに，包含，資源効率，気候変動の緩和と適応，災害に対する強靱さ（レジリエンス）を目指す総合的政策及び計画を導入・実施した都市及び人間居住地の件数を大幅に増加させ，仙台防災枠組2015-2030に沿って，あらゆるレベルでの総合的な災害リスク管理の策定と実施を行う。

11-c　財政的及び技術的な支援などを通じて，後発開発途上国における現地の資材を用いた，持続可能かつ強靱（レジリエント）な建造物の整備を支援する。

1. 概　要

1.1. 基本的な考え方

　SDGs の目標 11 は,「都市」をテーマとしたものであり, 具体的には「包摂的で安全かつ強靱（レジリエント）で持続可能な都市及び人間居住を実現する」ことを目標としている。2012 年に開催された「国連持続可能な開発会議」(リオ＋20) に際して SDGs の作成に向けて提案のひとつ,「2020 年までに最低 1 億人のスラム居住者の生活改善をする」ことが触れられたが, 目標 11 はこれに由来するものである（安藤 2019）。

　世界における都市の現状について, 国連が提供する SDGs の「事実と数字」に関する情報では, 主として, 次の点が示されている。

・現在, 世界人口の半数に当たる 35 億人が都市で暮らしているが, 2030 年までに都市住民は 50 億人に達するものと予測される。

・今後数十年間の都市膨張の 95％は, 開発途上地域で起きるとみられる。現在, スラム住民は 8 億 8,300 万人に上り, 東アジアと東南アジアに集中している。

・面積にして地球の陸地部分のわずか 3％にすぎない都市は, エネルギー消費の 60〜80％, 炭素排出量の 75％を占めている。

　途上国における都市の問題でいえば, 都市の急激な拡大化に伴う治安問題があげられる。経済発展が著しい途上国の都市部には, 地方や農村部で暮らす人々が仕事や収入を求めてやってくる。しかし, 新規移住者が住める場所は限られており, 結果, スラムと呼ばれる都市周辺の貧困層が住む過密地区が形成される。インフラが未整備により生活環境が悪化しているため, 犯罪の温床になる場合もある。先進国では, 少子高齢化に伴う地方都市の活性化の問題がある。日本における「地方創生」の議論もその一環といえる。各都市は, 地元住民を巻き込みながら, 地域ブランドづくりなどを進めている。若者や外部者の意見を積極的に受け入れ, 新たな街づくりに参画させている事例もある。

　目標 11 では, 世界の文化遺産及び自然遺産の保護・保全への努力も指摘さ

れている。SDGs において世界遺産の保護が求められている理由として，危機遺産の存在があげられる。危機遺産とは，重大な脅威にさらされ，本来遺産が有する顕著な普遍的価値がおびやかされている状況にある世界遺産を指す。その原因として，地域紛争，観光開発や都市開発による景観の変化，自然災害や地球温暖化などによる環境変化，環境汚染，生態系の減少や外来種の移入などがあげられる。危機遺産に対しては，国家の枠組みを超えて，財政的・技術的な支援を行いながら，復旧や保存を進めていくことが定められている。

1.2. 都市×観光＝世界遺産（オーバーツーリズムをめぐる観光のあり方〈京都や奈良〉）

日本では 2014 年より内閣府を中心に「地方創生」に向けた取り組みが進められ，各都市の魅力の発見や他地域との人的交流の促進に向けた施策が求められている。観光促進はそうした地域を活性化と緊密に結びついており，多くの地方都市では，観光客を誘引する独自の観光資源を見つけ出し，それを広くアピールすることに鋭意努力している。世界遺産登録は，多くの地方都市にとっては観光を通じて，地域を活性化する起爆剤として期待する声が多い。

しかしながら，世界遺産登録による観光客の増加が必ずしも都市の持続可能な成長にプラスに働くとは限らない。とりわけ大きな問題となっているのは，観光客の増加によってもたらされた負の問題である。現在世界中の多くの著名な観光地が直面している問題に「オーバーツーリズム」があげられる。これは，観光客の大幅な増加により，観光地が地域の許容範囲を超えるほど過度に混雑が生じてしまい，地域住民の生活や自然環境に悪影響を及ぼす状態を指している。とりわけ，交通手段の急激な整備や世界遺産登録など，観光地に対するイメージやアクセスの進展により，急激に観光客が増加する地域で大きな問題となっている。

オーバーツーリズム問題として，東アジアからの観光客が急増し，市内の公共交通網に大きな悪影響を与えている京都の事例は有名である。とりわけ紅葉のシーズンには，市民の重要な足である市営バスは多くのキャリーバックを手

108

にした観光客であふれかえり，乗車出来ないなどの社会問題になっている。また地域社会に負の影響を与える一方で，観光産業自体に対しても期待したほど大きな利益をもたらさないという場合もある。岐阜県と富山県の境に位置する世界遺産・白川郷はその典型的な例といえよう。1995 年に合掌造りなどの独自の生活様式をもつこの地域が世界遺産に登録されると，国内外から年間 150 万人近くの観光客が訪問するようになった。しかしながら，その結果，訪問客によりもたらされた廃棄物や騒音問題など地域社会に与える社会問題も指摘されるようになる。また観光目的の訪問者数は増加したものの，多くは名古屋から富山に抜ける観光ツアーの中間に位置する観光スポットと位置付けられ，滞在時間も 1 時間未満と少なく，宿泊などの形で地域に与える経済的メリットは増えなかった。地域住民の中には，世界遺産登録は，自分たちの生活には悪影響の面が多かったという指摘もある。

　観光産業の安定的な成長と地域住民の安全な暮らしを守るという，微妙なバランスを取りながら地方都市は将来への舵を切っていくことが必要だ。

2. 目標 11 に向けた SDGs における目標と方策

　「目標 11　住み続けられるまちづくりを」を達成するために，SDGs では具体的な目標を次のように掲げている。

　まず 2030 年までにスラムを解消するため，誰もが安価な住宅や交通手段を利用できるようにし（11-1，11.2），性別や人種などの差別なく街づくりに誰もが参加できるようにする（11-3）。世界文化遺産や自然遺産を保全し（11-4），災害などで社会的弱者が被害を受けないように整備する（11-5）。また公害を生まないように環境に配慮し（11-6），誰もが緑地や公共施設を利用できるようにする（11-6）。

　この目標を達成するため，各国は都市と地方のバランスに配慮した計画をすすめ（11-a），各都市が持続可能で，環境に優しい街づくりを進めるよう促す（11-b）。また途上国に対して持続可能で災害に強い建物を作れるよう支援する（11-c）。

3. 日本における具体的な取り組み

Sustainable Development Report 2023によれば，日本におけるこの目標の達成度は，2018年に「重要課題」段階にダウンしたが，2020年に「課題が残っている」に改善された。また2020年以降，目標達成に向けた進捗傾向としては「順調に改善している」状況を示しているが，課題も少なくない。具体的には，公共交通機関へのアクセスや家賃負担といった指標が低いことがあげられる。また松原（2019）は，日本では，自然災害の多発に対する災害・公害対策および観光産業，外国人観光客への対応としての遺産の保護・保全の重要性も増していることも指摘している。

　日本が達成に向けて取り組んでいくべきこととして，基本的サービスへのアクセスの改善を支援することと，文化・自然遺産の保護が考えられる。目標11に関係する取り組みとしては，都市と地方の格差，そして都市開発に取り残されたコミュニティの貧困などがあげられる。

　こうした問題に対する具体的な対策のひとつに，高齢化が進んだコミュニティでの世代を超えた交流事業があげられる。日本では少子高齢化が急激に進み，子どもや若い世代が減少する一方で，高齢者ばかりのコミュニティというのも増えている。これは決して過疎化が進む地方の問題ではない。1960～70年代に都市近郊に作られた集合住宅などの団地でも起きている。高齢者ばかりの団地が増え，街の活気が失われ，災害などが起きた時に対応できる若者がいないという問題も起きている。このままでは人が住み続けられない団地になってしまうことに気づいた住民や関係者が動き始めたのは，コミュニティ内部のつながりを活性化させることである。住民同士が触れあう機会を作るために，毎年花火大会や運動会といった数々の大きなイベントを住民の手で開催したり，あるいは高齢者の見守りや清掃活動なども自治会をはじめとした住民組織が軸となって進めている。特に若い世代が子育てしやすい環境をつくる試みとして，赤ちゃん連れの親が気兼ねなく過ごせるスペースづくりや一時預かりサービス，経験者による育児相談などを設置している。こうしたサービスを通

じて，若い世代にとって魅力的な街をつくることで，団地内での住民の世代が循環するサイクルを生み出そうとしている。

　また，日本企業や団体がすすめる具体的な取り組みとしては次の事例がある。

・郵便局ネットワークの維持とユニバーサルサービスはもちろんのこと，地方公共団体との連携強化による「みまもりサービス」の拡大，子どもたちへの金融教育やラジオ体操の普及促進を実施。また気候変動などに配慮した緑地整備と，それによる地域コミュニティの再生やジェンダー平等を目指し，女性の役職者登用など女性活躍推進を促進（日本郵政）。

・災害時にタイムリーな災害情報を，住民の方に伝えることを目指し，各自治体との協定締結。自治体から発せられる避難指示や，自治体が指定する避難場所等の情報，その他さまざまな災害に関する情報にアクセスできるよう，集約・整理して提供。617自治体（2019年4月時点）と協定を締結（ヤフー）。

・鉄道の総合システムインテグレーターとして，先進的なITとOTを活用した，安全で信頼性の高い，革新的な鉄道ソリューションを提供。人と人をつなぎ，コミュニティの活性化，都市の発展に貢献。ソリューションとしては，高速車両や無人運転技術，予知保全，ダイナミックヘッドウェイなどを実行（日立製作所）。

☕ 国際理解コラム：パプアニューギニア独立国―成長する都市をめぐる
　　治安政策―

　パプアニューギニアは太平洋諸島の中では，人口，国土面積ともに最大である。とりわけ国土面積は日本の1.25倍という広大な面積を持っている。そのほとんどが手つかずの熱帯雨林である。首都ポートモレスビーは，世界でも治安が悪いことで有名だ。犯罪発生率だけでは世界の中でも，南アフリカのヨハネスブルクやブラジルのリオデジャネイロと並ぶほどである。ポートモレスビーの危険をもたらしている原因としてあげられるのが，「ラスカル」と呼ばれる現地の若者からなるギャング集団である。

　彼らはお店やレストランに出没し，拳銃や短刀で人々を脅し，お金を持って逃げ去る。また仲間同士で車を囲い込むと，そのまま人質とし，金品を奪っていく。ラスカルは，外国人居住者や観光客のみならず，地元の人々も襲撃する。日暮れや早朝の外出は避け，一人での行動や貧困層の人たちがいるような地域に近づくことを禁止されるほどだ。

　ラスカルを生み出している原因として，急激に拡大しているポートモレスビーの都市化があげられる。

　ポートモレスビーには，自然発生的な移住者集落である「セトゥルメント」と通称されるスラム街が街の周辺に形成されている。第二次世界大戦後，ポートモレスビーの急激な開発のために地方から労働力として連れてこられた若者たちが，街の周辺に掘立小屋を建てて住み始めたのが，その起源といわれている。その後，若者が首都に出てくると同じ故郷出身という同郷意識（ワントクと呼ぶ）の下で，このセトゥルメントに住みつくようになっていく。セトゥルメントは都市計画や住宅政策の外側に放置され，都市として必要な上水道・電気・ごみ処理等のサービスの供給や道路の建設，住宅の整備が進まなかった。多くの場所ではごみが自然発火するような危険地帯にもなっている。一方で，地方から継続的に移住者が流入することにより，セトゥルメントの規模は拡大した。ラスカルなどの若者が犯罪を行っても，同族意識によってセトゥルメント内に囲われてしまい，結果犯罪の温床となった。また，セトゥルメントに住む住民たちによると，ラスカルは同郷のヒーローとして見なされる場合もある。ここに住むラスカルたちは貧しく，教育も受けられず，満足な仕事に就くこともできない。強奪など犯罪行為によるものとはいえ，仲間たちの生活のために稼いでくるラスカルたちは，子どもたちには英雄に映るのかもしれない。

　とはいえ，ラスカルとセトゥルメントの存在は，パプアニューギニアにおいて都市開発の進展に深刻な問題をもたらしている。天然資源に恵まれているものの，都市部での高い犯罪率が都市部門への投資を妨げてしまい，経済発展の足かせとなっている。2014年より日本や中国への液化天然ガスの輸出を開始す

るなど，未開発の島国が持つポテンシャルは大きいものの，治安の悪さが海外からの進出に二の足を踏ませている。

　2018年にパプアニューギニアは太平洋諸島で初めてAPEC（アジア太平洋経済協力）の年次会合を開催することになり，ポートモレスビーの開発が急ピッチに進んだ。各地に作られたセトゥルメントは治安対策として次々と壊されていき，ラスカルたちの住処が失われてきている。一方で，地方との間の道路網が整備された結果，若者たちが再び都市を目指してやってきて，彼らが新たなラスカル予備軍になりつつある。都市の治安対策はすべての国民の生活水準の向上と合わせて考えていく必要があるだろう。

写真13-1　発展するポートモレスビー（上）とその周辺に形成されるセトゥルメント（下）（パプアニューギニア）

第14章　目標12　つくる責任つかう責任

消費者は値段の安いものを購入するものだと思われがちだけど，実際は弱い立場の人たちのためになることや，環境保全に貢献できるのであれば，少々高くても購入します。でも，そういう商品はどんなものがあるのか，よくわからないんだよね！

〈目標12のターゲット〉

12-1　開発途上国の開発状況や能力を勘案しつつ，持続可能な消費と生産に関する10年計画枠組み（10YFP）を実施し，先進国主導の下，全ての国々が対策を講じる。

12-2　2030年までに天然資源の持続可能な管理及び効率的な利用を達成する。

12-3　2030年までに小売・消費レベルにおける世界全体の一人当たりの食料の廃棄を半減させ，収穫後損失などの生産・サプライチェーンにおける食料の損失を減少させる。

12-4　2020年までに，合意された国際的な枠組みに従い，製品ライフサイクルを通じ，環境上適正な化学物資質や全ての廃棄物の管理を実現し，人の健康や環境への悪影響を最小化するため，化学物質や廃棄物の大気，水，土壌への放出を大幅に削減する。

12-5　2030年までに，廃棄物の発生防止，削減，再生利用及び再利用により，廃棄物の発生を大幅に削減する。

12-6　特に大企業や多国籍企業などの企業に対し，持続可能な取り組みを導入し，持続可能性に関する情報を定期報告に盛り込むよう奨励する。

12-7　国内の政策や優先事項に従って持続可能な公共調達の慣行を促進する。

12-8　2030年までに，人々があらゆる場所において，持続可能な開発及び自然と調和したライフスタイルに関する情報と意識を持つようにする。

12-a　開発途上国に対し，より持続可能な消費・生産形態の促進のための科学的・技術的能力の強化を支援する。

12-b　雇用創出，地方の文化振興・産品販促につながる持続可能な観光業に対して持続可能な開発がもたらす影響を測定する手法を開発・導入する。

12-c　開発途上国の特別なニーズや状況を十分考慮し，貧困層やコミュニティを保護する形で開発に関する悪影響を最小限に留めつつ，税制改正や，有害な補助金が存在する場合はその環境への影響を考慮してその段階的廃止などを通じ，各国の状況に応じて，市場のひずみを除去することで，浪費的な消費を奨励する，化石燃料に対する非効率な補助金を合理化する。

1. 概　要

1.1. 基本的な考え方

　SDGs の目標 12 は，「生産と消費」をテーマとしたものであり，具体的には「持続可能な生産消費形態を確保する」ことを目標としている。目標 12 に関しては，2012 年に開催されたリオ + 20 において，先進国に対して「持続可能でない消費と生産を改める」ことが議論されたこれに由来するものである（安藤 2019）。

　世界における「生産と消費」の現状について，国連が提供する SDGs の「事実と数字」に関する情報では，主として，次の点が示されている。

・2050 年までに世界人口が 96 億人に達した場合，現在の生活様式を持続させるためには，地球が 3 つ必要になりかねない。

・人間は，自然が河川や湖沼で再生，浄化できる以上の速さで，水を汚染しており，淡水にアクセスできない人々は，10 億人を超えている（水）。

・全世界の人々が電球を省エネ型に変えたとすれば，全世界で年間 1,200 億米ドルが節約できる（エネルギー）。

・毎年，生産される食料全体の 3 分の 1 に相当する 13 億トン，価値にしておよそ 1 兆ドルの食料が，消費者や小売業者のゴミ箱で腐ったり，劣悪な輸送・収穫実践によって傷んだりしている（食料）。

　現在，先進国や新興国の一部で大量生産・大量消費社会を迎えている一方，途上国の中には飢餓や貧困状態に陥る国・地域もあり，格差拡大を招いている。この問題を解決するためには，地球全体での生産と消費のバランスも考えていくことが必要となる。

　このあり方を見直す上で，消費の在り方を変えることが必要であり，そのひとつが 3 R 運動である。3 R とは，廃棄物を減らすための活動で，Reduce（出るごみを減らす），Reuse（繰り返し何度も使う），Recycle（資源として生まれ変わらせる）を取り組むことである。現在では，これら 3 R に加え，消費者が必要としないレジ袋は拒否するという Refuse を加えた 4 R も指摘されている（日

本ユニセフ協会 2019）。最近ではさらに，もうひとつの R が指摘され始めた。途上国では自動車や大型電気機器などを廃棄するための設備がなく，そのまま放置されてしまうケースがみられる。この問題に対処するため，こうした機械類の廃棄は，先進国などの輸出国側が引きとる（Return）ような仕組みを作るべきという考え方で，先進国側に対して環境対策の特別税を課すなどもその試みである。

この目標で取り上げられる話題に食品ロスがある。食品ロスとは，まだ食べられるのに廃棄されている食品であり，売れ残りや期限を超えた食品，食べ残しなどがある。消費者庁によると，日本国内で 1 年間に廃棄された食品ロスは約 523 万トンである（国民一人当たりに換算すると，毎日お茶碗 1 杯分（約 114g）の食べ物が捨てられている）。これは，飢餓に苦しむ人々に向けた世界の食糧援助量（2021 年で年間約 440 万トン）の約 1.2 倍にあたる。この問題への対策として，NPO 団体による，生産者側で余った食品を受け取り，養護施設などの社会団体に無償（もしくはきわめて安価）で提供する橋渡しを行う事業がある。廃棄費用を削減できる生産者，食材費用を抑えられる消費者，さらに食品ロスを出さないということで環境（社会），どれにも望ましい取り組みといえる。（消費者庁：https://www.caa.go.jp/ 2023 年 7 月 1 日閲覧）

1.2. 消費×観光＝軍艦島ツアー（大量生産社会の姿をみる）

近年コアなファンの間で注目されている企画に廃墟ツアーがある。日本の近代化や経済成長の中で作られた建造物が，時間の流れの中で朽ち果てていく模様を見物に行くツアーである。戦時中使われたと思われる砲台の跡や少子化などの影響を受けて閉園した遊園地など，錆び付きながら自然の中に溶け込んでいく姿はノスタルジックな雰囲気を味わいたい人々の間で好評である。

こうした廃墟ツアーの先駆けとなり，現在代表的な位置づけにあるのが長崎県の海上に浮かぶ端島，通称「軍艦島」である。江戸時代後期に石炭が発見され，1890 年に三菱合資会社により島全体が鉱区として海底から本格的に採掘が始まると，日本の近代化をエネルギーの側面から支え続けることになった。

最盛期の 1960 年代には，5,000 人以上が住む世界最大の人口密度を誇っていた（当時の東京の人口密度の 9 倍以上）。こうした密な環境の中に，企業からの支援を受けて近代的な都市が作り上げられていった。採掘場を除く島の半分の生活の場には，病院や学校・寺院・神社・派出所や映画館・理髪店などが立ち並んでいたという。島内で消費される食品は船で行商によって届けられた。鉱山で働く労働者の家族に対しては鉄筋コンクリートの高層住宅が立てられ，300 所帯以上が共に生活していたという。集合住宅は当時としては珍しく電化が進んでおり，高度成長期の象徴といえる大量生産された冷蔵庫やテレビなども設置されていた（NPO 西山夘三記念すまい・まちづくり文庫編 2015）。

　繁栄していた軍艦島も，石炭の生産減に伴い衰退していき，1974 年に閉山，それに伴い住民たちも離れ，無人島となった。その後，この島は三菱から長崎市に所有権が移され，2009 年からは閉山以降禁止されていた島への上陸が許され，観光ツアーも実施されるようになる。2015 年に「明治日本の産業革命遺産　製鉄・製鋼，造船，石炭産業」の一部として世界文化遺産に登録され，これを機に観光客も著しく増加していく。上陸観光と周回クルージングを含むツアーは好評で，年間 30 万人に迫る観光客が訪れている。島内には当時使われていた電気器具などがそのまま置かれているなど，高度成長時代の日本の生活が残されており，豊かさを享受していた「大量生産・大量消費」時代の古き良き姿を垣間見ることができる。それと同時に，そうした繁栄のもろさやはかなさも感じることができるはずだ。軍艦島は，石炭から石油へというエネルギー革命の中で，無人島となった。その石油も無尽蔵に存在するものではない。建物の倒壊に備えた安全対策などの課題もあるが，大量生産・大量消費を当然視する時代から，持続的可能な成長を考える上でも，軍艦島ツアーは意義のあるツアーといえるだろう。

2.　目標 12 に向けた SDGs における目標と方策

　「目標 12　つくる責任つかう責任」を達成するために，SDGs では具体的な目標を次のように掲げている。

　まず，先進国がリーダーとなり，開発途上国の開発の状況や対応力も考えに

入れながら，各国からの拠出金で設立された基金を通じて，二酸化炭素の排出を減らすライフスタイルと持続可能な消費と生産を実現する社会の仕組みを作ることを目指した計画に沿って，すべての国が実行することである（12-1）。2030年までに，天然資源の生産管理（12-2），消費者や販売者による無駄な廃棄物の半減（12-3），有害廃棄物の排出禁止（2020年まで，12-4），廃棄物のリサイクル・リユースの推進をする（12-5），また大企業や自治体が積極的に活動に参加し（12-6，12-7），持続可能な開発や自然と調和の取れた暮らしに関する情報の普及を進める（12-8）。

　これらの目標を達成するため，持続可能な消費や生産に関する科学的・技術的能力の強化（12-a），地域社会に効果をもたらすような持続可能な観光業の促進（12-b）および化石燃料の消費を促すような補助金を削減していく（ただし貧しい人々が利用することは配慮する，12-c）ことを掲げた。

3.　日本における具体的な取り組み

　Sustainable Development Report 2023によれば，日本におけるこの目標の達成度は，2020年に「最重要課題」段階から「重要課題」段階に改善された。ただし，その後の目標達成に向けた進捗傾向には大きな改善がみられず，他の先進国同様，取り組み強化が必要な項目である。食品ロス問題への対応は喫緊の課題であるといえるだろう。大量生産・大量消費社会から，持続可能な循環経済社会へと変わっていくために，一人ひとりの意識改革が求められている。

　こうした問題に対する具体的な取り組みのひとつに，消費者庁などが推進しているエシカル消費の普及活動があげられる。エシカルとは，「倫理的・道徳上」という意味の形容詞で，エシカル消費は，法律の縛りがあるわけではないが多くの人が正しいと思う，人や社会，環境，地域に配慮した消費行動である。具体的には，①児童労働や労働搾取などの社会悪に加担せず，弱者などを支援するなど社会にとって有益な事業，②自然環境を悪化させるのではなく，保全・保護につながる事業，③地産地消など地域経済・地域社会の発展に貢献する事業などを意図して行われるものが対象と見なされている。食品ロスを削減

することもエシカル消費の代表的事例である。その他にもエシカル消費につながるものとして，フェアトレード，オーガニック，寄付つき商品，障がい者支援につながる商品，MSC認証やFSC認証，被災地の産品，伝統工芸，リサイクルなど，たくさんのものがある。

　また，日本企業や団体がすすめる具体的な取り組みとしては次の事例がある。

・日本では食品ロスが年間646万トン（2015年度）も発生し，これは世界中で飢えに苦しむ人に向けた食料援助量の約2倍に当たる。この「もったいない食品」を有効利用し，食品の循環を実現。食品ロスをリサイクルして，豚の飼料（エコフィード）づくりに利用。近くの食品工場から出た製造ロスや，スーパー・コンビニなどで出た売れ残りを回収・選別し，80℃以上の熱で殺菌，独自の技術で発酵させて飼料にすることを実現（日本フードエコロジーセンター）。

・メルカリは，「梱包材のリユースを推し進める第一歩は，『すぐに捨てない』という習慣づくりからと考え，数百回の使用に耐えうる手軽な梱包材「メルカリバッグ」を製作。「受け取った梱包材をそのままリユースし，次へつなぐ習慣」を広げることと実現（メルカリ）。

・『ブランディア』と協力して，廃棄につながる「着ないお洋服」を減らすことを目指し，不要になった洋服を回収し，レンタルファッションとして提供（エアークローゼット）。

・1991年に食器用洗剤のつめかえパックを発売して以来，つめかえパックの研究を進め，包装容器のプラスチック使用量の削減に注力。以来，さまざまな製品に合わせたつめかえパックを開発，誰もがつめかえやすいよう，開発・改良を進めた結果，2016年12月時点のつめかえ・つけかえ製品は266品目に及ぶ。すでに日本で発売している製品の8割以上をつめかえ・つけかえ製品とすることに成功し，従来より8万トン以上のプラスチックを削減した（花王）。

🫖 国際理解コラム：サモア独立国―ごみに対する概念と廃棄処理政策―

　果たして廃棄物処理をめぐる最終的な責任は，ごみとして生み出した途上国側の問題なのだろうか，それともごみになる前の商品を輸出した先進国側の問題なのだろうか。島国を訪れると常にそのことを考えさせられる。

　太平洋諸国で廃棄物処理問題の先頭を走っているのはサモア独立国であろう。サモアは南太平洋に位置する島国で民族的にはポリネシア系であり，人口は約20万人，国土面積 2,830km^2（東京都の約1.3倍），ポリネシア最大の島国でもある。サモアも豪州やニュージーランドからの輸入への依存度が高く，遠隔地であり，人口も都市部に集中するようになると，社会経済状況の変化に伴い，廃棄物問題が発生している。サモアではごみの回収自体，首都アピア周辺からウポル島全体に拡大されたのが 2001 年であり，離島部では回収も行われていない地域も多い。

　太平洋諸島でごみ問題が深刻化してきたのは 1990 年代以降である。そもそも太平洋の島々は国の規模が小さく，財源や人材などの資源も限られている。そのため農業や教育などの経済活動に直結する，より重要性の高い課題への取り組みを優先し，ごみ問題への対応は後回しにされてきた。自然のめぐみで暮らしていた時代，ごみを処理する必要などなかった。第二次世界大戦後，各国で生活の近代化が急激に進み，大量の食料が豪州やニュージーランドから輸入されるようになった。このことがごみ問題に拍車をかけた。それまでバナナや魚を食べ終えた後，そのまま捨ててしまっても土にかえっていたものが，ビニール袋の場合は自然に戻らない。島に作られた，ごみの投棄場は，悪臭や害虫，自然発火などが発生し，不衛生で危険な状況になった。

　太平洋の島国が廃棄物に溢れかえる状況に対して，先進国の責任として支援を行って来たのが日本である。日本はサモアに太平洋で初めて「福岡方式」と呼ばれる，悪臭を発生させずに，ごみ分解を促進する方式を導入することで，衛生的な処分場に変えていった。この方式の成功により，サモアは太平洋諸島地域の廃棄物処理の成功事例として高く評価され，サモアを基点にその後同様に深刻なごみ処分問題を抱えるバヌアツやパラオにも導入されていった。とりわけ，サモアには太平洋諸島の環境保全対策の地域内での協力を促進する国際機関「太平洋地域環境計画（SPREP）」の本部もあり，日本の JICA と協力して太平洋諸島の廃棄物処理の専門家の育成なども実施している。

　しかし，ごみ処分場の改善をすることで，ごみ問題が解決するわけではない。そもそもごみを減らしていくことが重要となってくるのだ。日本政府も 2000 年代後半から，廃棄物を減量化し，資源化するプロジェクトを実施するようになった。太平洋諸島各地で，ごみを出さないようにするため，排出から，収集，最終処分までのごみ処理計画づくりを実施したり，3R 運動を促進するなど，

人々の暮らしの中からごみを出さない方向へと意識を変えていくことに力を入れている。

　島嶼国の廃棄物管理の特徴は，最終処分地の確保が難しいこと，これは特に環礁では深刻な問題であろう。また，リサイクルに回そうにも先進国まで送らなくてはならないので輸送費コストが高いこと，島嶼経済に必要な観光産業の基盤としての自然の景観がダメージを受けやすいこと，災害の多発による災害廃棄物の処理問題，といったことに集約される。現地では扱えないリサイクル資源を，デポジット制にして，先進国へと返送できるしくみ作りは急務であろう。特に島国では先進国から輸入される自動車が適切に廃棄されず，放置されている。これに対応するため，海外から持ち込まれる際に廃棄する自動車を輸入した先で処分するような返還（return）のシステムを導入しようという3Rに加えた「refuse」（第4のR）につぐ「第5のR」の動きも必要だろう。

　サモアの人々はもともとコミュニティでの生活を大事にしている。みんなで協力し，互いのものをシェアしながら生活してきた。無駄なものを簡単に捨てるのではなく，さまざまな形で利用するという姿勢も持っている。日本から世界に広がっている「もったいない」という考え方を理解できる素地があるだけに，廃棄物対策でどのような成功を示していくのか期待したい。

写真14-1　リサイクルのためにペットボトルを洗浄するサモアの少女たち（撮影：三村悟）

第15章　目標13　気候変動に具体的な対策を

今すぐみんなで協力して温暖化問題に取り組もう！　バスや電車を利用したり，服装で温度調整をするようになれば，ガソリンや消費電力を抑えられる。みんながもっと実行するようにキャンペーンを行ったりすれば，日本中の人が協力してくれるよね。

〈目標13のターゲット〉

13-1　全ての国々において，気候関連災害や自然災害に対する強靱性（レジリエンス）及び適応の能力を強化する。

13-2　気候変動対策を国別の政策，戦略及び計画に盛り込む。

13-3　気候変動の緩和，適応，影響軽減及び早期警戒に関する教育，啓発，人的能力及び制度機能を改善する。

13-a　重要な緩和行動の実施とその実施における透明性確保に関する開発途上国のニーズに対応するため，2020年までにあらゆる供給源から年間1,000億ドルを共同で動員するという，UNFCCCの先進締約国によるコミットメントを実施するとともに，可能な限り速やかに資本を投入して緑の気候基金を本格始動させる。

13-b　後発開発途上国及び小島嶼開発途上国において，女性や青年，地方及び社会的に疎外されたコミュニティに焦点を当てることを含め，気候変動関連の効果的な計画策定と管理のための能力を向上するメカニズムを推進する。

1. 概　　要

1.1. 基本的な考え方

　SDGs の目標 11 は，「気候変動」ををテーマとしたものであり，具体的には「気候変動及びその影響を軽減するための緊急対策を講じる」ことを目標としている。この目標は MDGs の目標 7「環境の持続可能性の確保」を継承している。この目標にのみ「国連気候変動枠組み条約（UNFCCC）が，気候変動への世界的な対応について交渉を行う最優先の国際的政府間対話の場であると認識している」という注釈がある。これは，ほぼ同時期に行われていたパリ協定を踏まえることを示唆したものであった。

　世界における気候変動の現状について，国連が提供する SDGs の「事実と数字」に関する情報では，主として，次の点が示されている。

・2018 年 4 月現在，175 カ国がパリ協定を批准し，168 カ国は国連気候変動枠組条約事務局に初回の自国が決定する貢献を伝えている。先進締約国は引き続き，緩和対策のために 2020 年までに年間 1,000 億ドルを共同で動員するという目標の達成に向けて前進している。

　気候変動の影響は，途上国などで大きな話題として取り上げられることが多い。とりわけ，太平洋に散在する島嶼国の多くでは，気候変動の影響のひとつといわれる海面上昇の危機にあるといわれ，国土の消失を懸念する住民たちの人々の切実な声が国連などでも報告されている。海面上昇以外にも，ハリケーン，台風，サイクロンによる洪水などの被害，雨が降らないことによる旱魃，気温上昇や，海面の上昇などが指摘されている。近年各地で大きな影響を与えている感染症問題も，気候変動に伴う動植物の都市への移動などが影響しているという指摘もされている。

　2015 年 12 月，フランスのパリで開催された COP21（国連気候変動枠組み条約第 21 回締約国会議）において，世界各国は気候変動を抑える取り組みとして「パリ条約」を採択された。同条約では，2020 年度以降の具体的な地球温暖化対策として，①産業革命前からの気温上昇を 2 度より低く抑え，1.5 度未満を

努力目標とする，②先進国は，義務として，開発途上国へ，温暖化対策の資金援助をする，③すべての加盟国が，温室効果ガスの具体的な削減目標を申告し，削減量を増やす方向で5年ごとに見直す，④最初の評価は2023年に行うなどの内容が決定し，2016年4月には175カ国が署名した。気候変動をめぐっては，「地球温暖化対策はすべての国で取り組まなければならない」という先進国側と，「地球温暖化は先進国がもたらし，その恩恵も受けてきたのだから，主に先進国が責任をもって取り組むべきだ」という途上国の間で意見対立が行われてきた。パリ条約はこの両者を合意させ，すべての国が対策を講じることに同意させたという点で重要である。

　気候変動への対応策として，緩和と適応がある。緩和策とは，地球温暖化の原因となる温室効果ガスの排出量の削減や二酸化炭素の吸収源の増加を図り，気候変動を抑える対策である。具体的には，再生可能エネルギー（太陽光発電・風力発電）の導入や工場やオフィスの省エネルギー化などの取り組みがあげられる。一方，適応策とは，地球温暖化による気候変動の影響を回避したり軽減したりすることをいう。具体的には，土砂災害や高潮被害への対策，避難体制や危機管理体制の強化，防災グッズの整備などがある。これらの解決には，国や自治体に加え，企業やNGOなどと連携して取り組むことが求められている。

1.2.　気候変動×観光＝ダイビングショップによる気候変動問題へのチャレンジ

　太平洋諸島の島国は，気候変動の危機の最前線にある国々とされ，多くの島国の住民たちがその将来への不安を国連など国際社会の中で訴えている（本章コラム参照）。日本を含めた先進国からは政府や企業がこうした国々の要望に応えるために，ODA支援や社会貢献として取り組んでいる。コスモ石油が「エコカード基金活動」の南太平洋諸国支援として，ツバルやキリバスでのマングローブの植林活動に取り組み，気候変動対策に貢献していることはCMなどを通じても広く知られているだろう。

　気候変動対策は，国や大企業などの大きな組織でないと貢献できないと思わ

れがちだが，太平洋諸島に住み，島で生活する日本人企業の間でも気候変動問題への対策が試みられている。ダイビングショップを経営する現地ダイビングインストラクターもその一人である。美しい海や豊かな海洋資源に触れ合うために多くの日本人ダイバーたちが太平洋の島々を訪問している。現地のダイビングインストラクターはこうしたダイバーたちの要望に応えるため，珍しいダイビングスポットを開拓したり，希少生物たちが棲息する場所を見つけることに日夜努力している。一方で，ダイビングインストラクターたちが近年力を入れているのは，こうした美しい海が直面している危機をダイバーたちに認識してもらうことである。上述のような優れたスポットに加え，あえて白化しているテーブルサンゴの棲息地を紹介することもある。また航空機に乗る関係でダイビングができない帰国日には，ダイバーたちへの陸上ツアーで，海面上昇の影響で波に洗われてしまった墓地や戦跡を訪れたり，大型台風の襲来で倒壊した住宅地などを訪問することもある。筆者は，以前，こうしたネガティブな印象を与える場所を訪れる理由をダイビングインストラクターに尋ねたことがある。環境問題に関心があり，ダイバーの要望で訪れたいというケースもあるが，気候変動問題が身近な不安に感じている現地の人々や社会の現状を知ってもらいたいという思いからであると話してくれた。「わざわざ日本から来てくれたダイバーの皆さんにこの島や海の美しさを十分満足してほしいという思いは変わりません。ただ，我々この島に住む者は，現地の人々とともに生活する中で，気候変動は身近な問題に感じています。旱魃が続いたり，台風が増加するなど何か起きているのではないかという不安は常に感じています。美しい海でダイビングをする中で気候変動に対する関心をもってもらい，日本を含めた先進国がこの島などの途上国のために積極的に協力することにつながるきっかけになれば，この国に住む日本人としてもうれしいです」。筆者のダイビングの師匠でもあるマーシャル諸島に住んでいたダイビングインストラクターが語った島を思う言葉は，今でも心に響いている。

　観光は，楽しい想い出や貴重な体験をするばかりではなく，自分のそれまでの価値観に大きな影響を与える機会にもなり得る。観光を通じて多くの訪問者

が気候変動に対する意識改革につながるのであれば，観光促進は SDGs の目標達成にとってもきわめて有益な取り組みといえよう。

（「コスモ石油エコカード基金活動について」https://ceh.cosmo-oil.co.jp/kankyo/eco/activity.html 2023年7月1日閲覧）

2.　目標13に向けた SDGs における目標と方策

「目標13　気候変動に具体的な対策を」を達成するために，SDGs では具体的な目標を次のように掲げている。

まず気候に関する災害や自然災害が起きたときに，対応したり立ち直ったりできるような能力を，すべての国が備えるようにする（13-1）。またすべての国が気候変動対策を国家政策の中に入れて準備し（13-2），気候変動に対する適応策と緩和策，さらに警戒準備をするための能力を高める（13-3）。

この目標を達成するため，2020年までに，先進国が協力して，途上国が気候変動対策に使えるために年間1,000億ドルを集め，できるだけ早く「緑の気候基金」を本格的に立ち上げる（13-a）。また途上国の女性や若者，地方に住む弱者に重点をおいた，気候変動に備えた管理や対処する能力をつけさせる仕組みをつくる（13-b）。

3.　日本における具体的な取り組み

Sustainable Development Report 2023 によれば，日本の目標達成度は，「重要課題」段階が続いている。目標達成に向けた進捗傾向も「停滞している」状況にあり，その理由として，温暖化ガス対策に関してヨーロッパ諸国と比べて具体的かつ大胆な計画や施策が提示されてこなかったことに加え，むしろ未だ約30基の石炭火力発電所を新設する計画を示していたことなどがマイナスの印象につながったと思われる。環境団体は，日本政府の気候変動対策への後ろ向きな姿勢を批判し，COP の際，3年連続「化石賞」を贈っている。

こうした問題に対する具体的な取り組みのひとつに，自治体や企業が実施し

ている国民に気候変動対策の重要さを意識させ、すべての人が気候変動を意識して生活するように促す制度や運動があげられる。具体的には、東京都が、2010年4月から、都内大規模事業所を対象としたCO_2排出量の総量削減義務制度を導入した。また博報堂が進めている「COOL CHOICE」と呼ばれる取り組みもそのひとつだろう。これは、温室効果ガスの排出量を2030年までに2013年度比で26％削減するという目標を達成するために、低炭素型の製品への買換え・サービスの利用・ライフスタイルの選択など温暖化対策のために「賢い選択」をしていこうと訴えていく継続的な国民運動である。この運動の中では、地方自治体・産業界・NPOなどと連携して実施してきた「クールビズ」「ウォームビズ」をはじめとする数々の取り組みが行われ、国民に気候変動対策を認識させ、行動を起こさせる契機となったことで広報効果の上でも極めて効果的であったといわれている。

　日本企業や団体がすすめる具体的な取り組みとしては次の事例がある。

・「Business with CSR」というスローガンのもと、複合機や照明の省エネ機器への入れ替え、節電対策、働き方改善などにより、CO_2削減活動に取り組む。また物流では他社との共同配送を行い、積載率向上・配送車両削減につなげている。複合機のライフサイクル全体で排出するCO_2を、ほかの場所での排出削減・吸収量で埋め合わせることで、実質ゼロにするカーボン・オフセットに取り組んでいる（キヤノンマーケティングジャパングループ）。

・使用時のCO_2排出量の削減に対して省エネエアコンや、低温暖化冷媒を用いたエアコンを世界中で普及させた結果、2020年度に温室効果ガス排出量を6,000万トン抑制（CO_2換算）という目標に対し、2018年度に6,700万トン抑制を成し遂げることに成功した（ダイキン工業）。

・2.5mm厚フロアタイルの業界スタンダード化を進める。主に商業施設などで使用される床材「フロアタイル」について、全厚3mmから2.5mmへ規格変更することで、省資源化やCO_2削減に貢献。従来品に比べ、製品の原材料調達から製造、物流、廃棄に至るまでのライフサイクルで、1m^2あたりのCO_2排出量を3kg削減した（サンゲツ）。

🍵 国際理解コラム：マーシャル諸島共和国―女性詩人が訴える気候変動への不安―

　太平洋諸島は気候変動による被害を最も強く受ける最前線にあるといわれている。1990年代に国連で気候変動問題が積極的に議論されるようになると，温暖化による影響が自分たちの暮らしに深刻なダメージを与えるとして，島国の人々が声をあげるようになっていった。マスメディアでもその最前線の姿が画面を通じて先進国にも映し出されるなかで，気候変動の影響は，決して他人ごとではないことを理解させるようになった。

　太平洋の島国のなかでも，環礁と呼ばれるサンゴ礁からなる島国では，気候変動の影響とみられる被害が，人々の生活のなかにも入り込んできている。マーシャル諸島はその代表的な島国だ。平均海抜5m以下のこの国では，気候変動の影響と思われる2つの自然現象，海面上昇と干ばつが人々の生活を襲う。海岸付近の土地は波に浸食され，北部の島々では半年以上の渇水が続き，生活が

写真15-1　故郷マーシャル諸島の気候変動の影響について語る
キャシー・ジェトニル＝キジナー
（撮影：Earth Company）

困難になる。人々は故郷を捨てて，首都マジュロや海外に移住するようになっていく。

　気候変動が自分たちの社会を奪っていく。こうした問題を世界の人々に語らなければならない。そう考え立ち上がった一人の女性がいた。気候変動活動家で詩人のキャシー・ジェトニル＝キジナー（Kathy Jetnil-Kijiner）である。子ども時代はハワイで生活し，幼いときから詩や芸術を学んできた。23歳でマーシャル諸島に戻ると，故郷が直面する深刻な状況に強い衝撃を受ける。高潮に，洪水。それまで自分とは遠い世界であった気候変動が自分の問題と感じるようになった。

　短期大学で学生たちに教えるなかで，離島ではより深刻な状況も理解した。雨が降らず農作業ができず，故郷を離れざるを得なかった若者たちもいた。マーシャル人が自分たちの故郷を離れざるを得なかったのはこれが2回目である。第二次世界大戦後，北西部のビキニ環礁などでは米国による核実験が行われ，その島の住民たちは他の島に強制移住させられた。現在も故郷に戻れない。人々は故郷での自然と共に暮らす生活を失い，米国などからの補償金に依存する生活を余儀なくされている。

　核実験の影響は，身体的にも，精神的にも，文化的にも今日まで続いている。例えば核実験前までは，ビキニ環礁には国内でも最も優れたカヌー文化があった。しかしその文化は失われてしまった。ビキニの人々は移住を強いられ，もう島の伝統を継承できないからだ。「核実験で，何千年も続いた伝統文化までが失われたということは語られない」とキャシーは訴える。

　まさに今マーシャル人は気候変動の影響で，再び故郷を離れざるを得ない危機に襲われている。気候変動の被害の最前線であるマーシャル諸島は，海抜2mにも満たない島々ばかりである。世界の平均気温の上昇により，南極大陸やシベリアなどの氷河が溶け，海面上昇が危惧されている。その影響をマーシャル諸島のような海抜の低い島の国がダイレクトに受けている。先進国によりもたらされた温室効果ガスが，島国の人々の暮らしや未来を脅かしかねない状況にしているのである。

　キャシーはマーシャル人が直面する不安や苦しみを詩を通して訴えている。特に主張しているのは，こうした気候変動による困難を最も大きく受けるのは社会的弱者，特に女性や子どもたちであるという。2014年の国連気候変動サミットで自作の詩を披露し，故郷の危機を訴えた。その詩は自分の娘，マタフェレ・ペイナムに対する思いをつづったものであり，団結して気候変動の解決に向けて具体的に行動しようというものであった。

『聞いてマタフェレ・ペイナム
あのラグーン（潟湖）はね，静かで美しいけれど—
いつか私たちを飲み込んでしまうと言われている。木々の根元を噛み切り
防波堤を飲み込み島の骨まで食い尽くす。
あなたもあなたの子どももその子どももルーツを失い—
パスポート上でしか存在しない国になってしまうと言われている。

（中略）

それでも一緒に闘ってくれる人々がいる。
バナーを掲げメガホンを持って，カヌーで石炭船を止め太陽光発電を使い
有機農業に取り組み署名活動をして
エンジニアの技術力，芸術家の創造力，ありとあらゆる手段で立ち向かって
いく。
何千人もの人が今世の中の変化を求めて訴えている。
あなたのためによマタフェレそして私たちのため。
なぜならただ助かるだけではなく私たちにも豊かな未来を切り拓く権利があ
るから。

愛するマタフェレ・ペイナム
もう眠いのね。安心して眠りなさい。
大丈夫よ　必ず守るから　必ず。』

　母親キャシーの娘への熱い思いが人々に伝わり，気候変動に向けて具体的な
行動が起こされ，マーシャル諸島の美しい自然が残されることを願いたい。

第 16 章　目標 14　海の豊かさを守ろう

先日死んだ鯨の腹からたくさんのプラスチックごみが消化されずに出てきた。他の魚も同じ。これは僕たちが海岸に捨てたストローやペットボトルのせいだ。こんな生活を続けていたら，太平洋は魚よりもごみの方が多くなっちゃうよね。

〈目標 14 のターゲット〉

14-1　2025 年までに，海洋ごみや富栄養化を含む，特に陸上活動による汚染など，あらゆる種類の海洋汚染を防止し，大幅に削減する。

14-2　2020 年までに，海洋及び沿岸の生態系に関する重大な悪影響を回避するため，強靱性（レジリエンス）の強化などによる持続的な管理と保護を行い，健全で生産的な海洋を実現するため，海洋及び沿岸の生態系の回復のための取組を行う。

14-3　あらゆるレベルでの科学的協力の促進などを通じて，海洋酸性化の影響を最小限化し，対処する。

14-4　水産資源を，実現可能な最短期間で少なくとも各資源の生物学的特性によって定められる最大持続生産量のレベルまで回復させるため，2020 年までに，漁獲を効果的に規制し，過剰漁業や違法・無報告・無規制（IUU）漁業及び破壊的な漁業慣行を終了し，科学的な管理計画を実施する。

14-5　2020 年までに，国内法及び国際法に則り，最大限入手可能な科学情報に基づいて，少なくとも沿岸域及び海域の 10 パーセントを保全する。

14-6　開発途上国及び後発開発途上国に対する適切かつ効果的な，特別かつ異なる待遇が，世界貿易機関（WTO）漁業補助金交渉の不可分の要素であるべきことを認識した上で，2020 年までに，過剰漁獲能力や過剰漁獲につながる漁業補助金を禁止し，違法・無報告・無規制（IUU）漁業につながる補助金を撤廃し，同様の新たな補助金の導入を抑制する。

14-7　2030 年までに，漁業，水産養殖及び観光の持続可能な管理などを通じ，小島嶼開発途上国及び後発開発途上国の海洋資源の持続的な利用による経済的便益を増大させる。

14-a　海洋の健全性の改善と，開発途上国，特に小島嶼開発途上国および後発開発途上国の開発における海洋生物多様性の寄与向上のために，海洋技術の移転に関するユネスコ政府間海洋学委員会の基準・ガイドラインを勘案しつつ，科学的知識の増進，研究能力の向上，及び海洋技術の移転を行う。

14-b　小規模・沿岸零細漁業者に対し，海洋資源及び市場へのアクセスを提供する。

14-c　「我々の求める未来」のパラ 158 において想起されるとおり，海洋及び海洋資源の保全及び持続可能な利用のための法的枠組みを規定する海洋法に関する国際連合条約（UNCLOS）に反映されている国際法を実施することにより，海洋及び海洋資源の保全及び持続可能な利用を強化する。

1. 概　要

1.1. 基本的な考え方

　SDGs の目標 14 は,「海洋保全」をテーマとしたものであり, 具体的には「持続可能な開発のために海洋・海洋資源を保全し, 持続可能な形で利用する」ことを目標としている。蟹江 (2020) によると, この目標は 2013 年 7 月に出された「国連事務局長報告」で提言された 12 の目標のひとつ「持続可能な自然資源管理」を反映しているという。

　世界における海洋保全の現状について, 国連が提供する SDGs の「事実と数字」に関する情報では, 主として, 次の点が示されている。

・海洋は地球の表面積の 4 分の 3 を占め, 地球の水の 97％を蓄え, 体積で地球上の生息空間の 99％を占めている。また海洋と沿岸部の生物多様性に依存して生計を立てている人々は, 30 億人を超えている。

・世界全体で, 海洋と沿岸の資源と産業の市場価値は年間 3 兆ドルと, 全世界の GDP の約 5％に相当するとみられる。また海面漁業は直接的または間接的に, 2 億人以上を雇用している。

・産業革命の開始から現在までに, 酸性化の水準は 26％上昇している。沿岸の富栄養化は 2050 年までに, 大型海洋生態系全体の 20％で進むものとみられる。

　人間の生活において海洋の存在は, きわめて重要である。国連によると, 海洋の役割として, ①気温と気候の調整（海水温度と海流への影響）, ②地球温暖化の抑制（二酸化炭素の吸収）, ③豊富な資源の供給（水産, 鉱物エネルギー資源, 海上輸送のシーレーン）をあげている（日本ユネスコ協会 2019）。

　海洋保全を考える上で重要なポイントとして, 持続可能な漁業があげられている。現在, 世界の海では, 魚や貝, エビなどの水産物の取りすぎが問題となっている。魚などが自然に繁殖する能力を超える量の魚を取りすぎることで, 年々漁獲量が減り, 地域あるいは生物種によってはゼロになってしまう危機に瀕している場所も少なくない。解決策としては, 水産資源の個体に関するデー

タ管理があげられる。調査やデータに基づいて，次世代の個体数を計算し，漁獲量や個体の大きさを定めて，持続的な漁業を維持していくことが必要である。また，天然の水産資源は取り過ぎによる個体の減少が懸念される。これに対して，消費者側も養殖などで生産された水産物を積極的に求めることが必要である。この条件を満たす水産物を示すことばとして，「サステナブル・シーフード」がある。これは「水産資源や環境に配慮し適切に管理された MSC 認証を取得した漁業で獲られた水産物，あるいは環境と社会への影響を最小限に抑えた ASC 認証を取得した養殖場で育てられた水産物」と定義され，水産資源を利用する上では世界の常識となっている。(https://msc.org/jp/what-is-sustainable-seafood-jp 2023 年 7 月 1 日閲覧)

　世界有数の漁業大国だからこそ，日本はこのサステナブル・シーフードの利用に対してより意識的になり，むしろ養殖技術のさらなる発展に貢献するなど世界をリードする立場となっていくべきであろう。

　近年マスメディアでも大きく取り上げられている問題として，海洋プラスチック汚染がある。特に 5 ミリ以下の粒子であるマイクロプラスチックによる汚染は，地球規模で広がっており，南極や北極でも存在が確認された。漁獲された魚や亀の体内からも確認されており，生態系に深刻な影響を与える可能性が指摘されている。国連環境計画（UNEP）によると，すでに 1 億 5,000 万トンのプラスチックごみが海洋に漂っており，その量は 2050 年には海に生息する魚と同等以上にまで増えると予測されている。プラスチックは分解されるまでには 1000 年以上かかるといわれ，海洋に生息する動物に対して深刻な問題を起こしている。ウミガメが，海に漂うプラスチック製のポリ袋を餌と間違えて飲み込み，胃の中で消化・分解されず残ってしまい，結果満腹であると勘違いして餓死してしまうという事例も報告されている。またプラスチックを飲み込んだ魚の体内に蓄積され，食物連鎖の最上位にある人間の体にまで濃縮された形で入りこみ，悪影響を与えかねないという懸念もある。

1.2. 海洋保全×観光＝「ふだいわかめ」を育てる里山・里海―北三陸・普代村の取り組み―

「海の豊かさは山の自然が支えている」という考え方は，現在テレビ番組でも広く伝えられている。筆者もそのことを，三陸地方の漁村を訪問するツアーに参加して，実際に「味わう」機会を持つことができた。

東日本大震災の被害がまだ残る 2015 年の冬，復興ツアーの一環として JTB が企画した「冬の三陸（本物を体験する旅）・鵜鳥神楽の神楽宿と普代を訪ねる旅」というツアーに参加し，岩手県普代村を訪問した。旅の直接の目的は，同村黒崎地区の披露される，三陸沿岸を巡行する「鵜鳥神楽」を見学することであった。訪問先では，公民館に実演される神楽を地元の人々と共に鑑賞でき，現地の海の幸などを食べながら，地域の人々と触れ合える機会をもてることにある。

中でもとても興味深かったのは，夕餉で食した「ふだいわかめ」のしゃぶしゃぶの味である。三陸の海で獲れた新鮮なわかめを熱湯に通して，色が変わったところをポン酢などにつけて食した。わかめといえば酢の物など食事のわき役という印象でしかなかった筆者にとって，肉厚で柔らかく，歯ごたえのあるその味は衝撃的で，メインディッシュとなるにふさわしいものであった。

食事を終えてから地元の人々との会話の中で，「ふだいわかめ」を育てている豊富なミネラルを含んだ三陸海岸の海について説明を受けた。「ふだいわかめ」は山々から流れ込む多数の河川からもたらされるミネラルを豊富に含んだ海の中で育つことで深い味を育むと同時に，三陸沖を流れる荒波の影響が肉厚のものに鍛え上げているとのことであった。住民が語った次の言葉は，非常に印象的だった。「ふだいわかめは，普代村の海と山の自然の豊かさを象徴しているものなのだ。」

一方で，東日本大震災は「ふだいわかめ」の生産にも大きな被害を与えた。村内の養殖施設は津波で壊され，また海岸付近の地形にも少なからず影響を与えたため，わかめを育てることができず，2012 年の冬は収穫ができなかったそうである。その後も震災前の状況に戻すためには数年の時間がかかった。さらに最近は地域の過疎化・高齢化が進み，わかめを収穫しながら，地域の環境

保全に取り組む若い後継者の不足が問題となっている。この美味しいわかめを食することができるのは，普代の里山や里海を守る多くの人々のお陰であるということを改めて学んだ。

　三陸地方には，牡蠣やホタテなどさまざまな美味しい海産物が存在するが，これらもまた三陸の海と山の豊かさの賜物である。海洋保全の重要性を都会で本や動画から学ぶことも重要であるが，その現場を訪れて五感を通じて体験することで，より深く理解することができるのではないか。少なくとも筆者にとっての海洋保全の重要性は，「ふだいわかめ」のしゃぶしゃぶの味として残っている。五感を使って理解する機会を提供するのも観光の意義といえるはずである。

 2.　目標14に向けたSDGsにおける目標と方策

　「目標14　海の豊かさを守ろう」を達成するために，SDGsでは具体的な目標を次のように掲げている。

　まず2025年までに，海洋ごみや富栄養化など，特に陸上の人間の活動によるものを含め，あらゆる海の汚染をふせぎ，大きく減らすことを掲げている（14-1）。また海洋の生態系を回復させ，持続的な管理保護を行い（14-2），サンゴの死滅にも影響しているといわれる海洋酸性化への対策を実施する（14-3）。2020年までに過剰な乱獲などによる魚介類の減少を防ぎ，科学的調査に基づき水産資源の回復を進める（14-4）。とりわけ2020年までには沿岸海域を中心に世界の海域の10%の保全を実施する（14-5）。さらに途上国に対して，水産資源の乱獲に通じるような漁業方法をやめさせるため水産技術の向上に協力したり（14-6），養殖技術や海洋資源を利用した観光業の促進などを支援する（14-7）。

　これらの目標を達成するため，途上国に海洋生物の多様性に関する科学的知識を増やしたり，研究能力を向上させたり，海洋技術が開発途上国で使えるようにし（14-a），小規模で漁業を行う漁師たちが，海洋資源や市場を利用できるようにするとともに（14-b），海と海洋資源の保全と持続可能な利用のため

の法的な枠組みを定めた国際法（国連海洋法条約）を実施して，海と海洋資源の保護，持続可能な利用を強化する（14-c）。

 3. 日本における具体的な取り組み

Sustainable Development Report 2023 によれば，日本におけるこの目標の達成度は，「最重要課題」段階が続いており，また，目標達成に向けた進捗傾向としては「停滞している」状況となっている。取り組み強化を進める必要のある項目のひとつであるが，その理由として，魚の乱獲に加え，海洋の富栄養化と汚染の問題が指摘されている。日本は海洋国家であり，持続可能な水産業の推進や，海洋ごみ対策も重要な課題である。

こうした問題に対する具体的な取り組みのひとつに，海洋へプラスチック製品の流出を削減するために，プラスチック製品の使用禁止や大幅な削減を行う取り組みがあげられる。上述の通り，海洋プラスチックごみ問題は海洋資源の保全にとって深刻な問題となっている。とりわけ日本は，一人当たりのパッケージ用プラスチックごみの発生量が，アメリカに次いで世界で２番目に多い。この問題の解決に向けて，私たちにできるのは，ポイ捨てをしないことに加え，海洋プラスチックごみの元となるプラスチック，特に「使い捨て用プラスチック」の利用自体を減らしていくことである。例えばマイバッグやマイボトルを持ち歩き，必ずしも必要ではないプラスチック製のレジ袋やペットボトルの利用自体を減らしていく。さらに企業がプラスチックの使用を減らしていくために，消費者として声を上げていくことも有益であろう。消費者からの「使い捨て用プラスチックの使用を減らしてほしい」との要望が，企業がプラスチックを使わない商品を開発したり，自治体や企業が協力して使い捨て用プラスチック製品の提供を減らすことにつながっていくのである。

日本企業や団体がすすめる具体的な取り組みとしては次の事例がある。

・真鶴半島で行われている「魚つき保安林」保護活動。自然の森林から自然の海岸線へとつながる海岸林が，夜間の暗がりをつくり，豊かな魚礁をつくっている。魚の生育によい影響をもたらすことから，伐採が禁止または制限さ

れている。真鶴で「お林」と呼ばれる海岸林が，地域の神聖な場所として受け継がれてきた。このお林を守ることで，真鶴の豊かな海を守ることに貢献している（神奈川県真鶴町）。

・WWFジャパンとの協業を通じて「海の豊かさを守る」活動を実施。2018年3月から本社を含む2拠点の社員食堂でMSC及びASC認証を取得した持続可能な水産物（サステイナブル・シーフード）をWWFジャパンやサプライヤー企業の協力を得て導入。2020年に国内のすべての社員食堂での導入を目指す（パナソニック）。

　　※サステイナブル・シーフードとは厳密に言うと持続可能な生産（漁獲・養殖）に加え，加工・流通・販売における管理やトレーサビリティの確保について認証を取得しているシーフードのことを指す。

・世界有数の大都市であり大量の資源を消費している都市として，海ごみ問題についての市民等の関心を高め，身近で実施可能な取り組みを普及啓発していくため，海ごみ問題を学ぶショートムービーを製作。本ムービーの内容は，東京とニューヨークの小学生が，海ごみ問題を学び，自分たちが地域や社会でごみを生み出している一員であることを踏まえ，海ごみを減らしていくため意見交換を行った記録。同じ映像を使って，東京及びニューヨーク双方で，小学校の環境学習などに活用することを目的としている（東京都環境局）。

☕ 国際理解コラム：パラオ共和国―ミクロネシア・チャレンジ・海洋保
全と観光促進―

　太平洋の島国というとどんなイメージを抱くだろう。青い海，白い砂浜。こ
うした自然を目の前にしていると，いつまでもそこにあるものとつい感じてし
まう。しかし，この自然こそ人々が努力して維持していかなくてはならない。
ところが，これまでの人間の歴史を見てくると，経済を発達させるために自然
を犠牲にしてきた時代もある。自然保護と経済開発の両立は，人間が取り組ま
なくてはならない難しいチャレンジである。このチャレンジに取り組んでいる
地域がある。日本のすぐ南に広がるミクロネシア地域である。
　ミクロネシア地域を構成しているパラオ共和国，ミクロネシア連邦，マーシャ
ル諸島共和国の３カ国およびグアム，北マリアナ諸島の２地域が 2006 年に合
意した国際公約にミクロネシア・チャレンジがある。同地域の生物多様性を保
全し，持続的な自然資源の利用を図るため，それぞれの沿岸海域の 30％と陸域
の 20％を 2020 年までに有効な保護下に置いて，環境保護を図ろうというもの
である。こうした活動のために，国ごとに 2020 年までの積み立て目標額を設
定し，ミクロネシア自然保護基金（MCT）を立ち上げた。
　そのなかでも中心的な役割を果たしている国がパラオである。ミクロネシア
の西端にあるパラオは，200 以上の島から構成されており，ミクロネシアで最
も高い岩礁を有し鳥の種類も豊富である。特に，サンゴの美しさは有名で，世
界的にトップクラスのスキューバダイビングやシュノーケリング・スポットと
なっている。植物，爬虫類，両生類，魚類に関しても種類が多く，固有種も多
く存在している。
　1980 年代以降，美しいパラオの自然を求めて日本などから多くの観光客が
訪れるようになる。中国や韓国などからの直行便も就航し，2010 年代に入ると
年間 15 万人の観光客が訪れるまでにもなった。太平洋諸島の中でも観光促進政
策を成功させた国として注目され，アジアからの投資を受け観光開発が進めら
れていく。
　ところがそのことがパラオの自然に大きなダメージを与えることになる。と
りわけその観光を支えてきた海には大きな犠牲を与えていた。観光客が激増す
ると各地の砂浜は荒らされていく。観光施設から出される排水は海に流れ込み，
そこに住む固有種たちの命を奪っていった。世界でもこの国にしか存在しない
毒をもたないクラゲも，このクラゲと泳ぐ体験をしたいと訪れる観光客が増え
たことにより，生息地から一時姿を消してしまった。絶滅も危惧されたが，生
息域への観光客の立ち入りを禁止したことで再び姿を現してきた。それでも５
年の期間を要することになった。
　パラオの人たちはこうした苦い思いを理解し，過度な観光開発が自然に悪影

響を与え，結果観光にも影響を与えかねないということを学んだ。それ以後，大統領を中心に，国をあげてバランスの取れた環境保護と産業促進を計画・実行していくことを世界に示したのだ。

　とりわけ世界に大きなインパクトを与えたのは，パラオ海域での商業漁業を禁止する動きである。パラオでは従来地域ごとに持続的な漁業の観点から漁場の制限を行い，魚類の確保を行ってきた。しかし，こうした動きを一歩進め，国レベルで漁労制限により保護してきた区域を統合・管理することとなった。保護区域は，パラオの沿岸の50％，陸地の20％に及んでいる。さらに2020年には同国の海域での商業漁業を禁止することを決定した。こうした先進的な取り組みを推進した大統領は世界からも高く評価された。2022年4月には太平洋諸島で初めて海洋保全について話し合われる国際会議「アワ・オーシャン」もパラオで開催され，世界中から海の環境保護を望むスペシャリストたちが集まった。

　もちろん，環境保護と産業開発のバランスを保っていくことは決して容易なことではない。国内では，観光地化が進み，むしろ自然への負荷を軽減するため環境保護を強く訴えている南部地域と，開発が一向に進まず海外からの投資促進を望む北部地域との間で，考え方に大きな相違がある。新型コロナウイルスによる世界的なパンデミックの影響を受け，2020年の観光客は前年比90％以上ダウンとなり，その影響は数年続くものと懸念されている。

写真16-1　サンゴを再生するための植樹プロジェクト（パラオ）

　それでもパラオ政府は自分たちが進めるチャレンジが間違っていないと確信しており，その達成に向けて日本をはじめとした海外からの協力を求めている。その一方で，日本国内の漁業関係者の一部からは，パラオの行き過ぎた計画に対して国内経済を顧みていない，非現実的なものだと非難する声も上がっている。パラオが掲げた崇高な理想が達成できるかどうかは，周囲の国々との経済交流も関係してくる。その意味では，我々日本人も決して他人ごとではないのである。

第 17 章　目標 15　陸の豊かさも守ろう

日本の自然は大きなピンチにある。森林は麓に住む人々が下草を刈ったり，手入れをすることで守られてきたんだ。でも，山を守ることの重要性が若い世代に引き継がれず，各地の森が放置されたまま，荒廃が進んでしまっている。

〈目標 15 のターゲット〉

15-1　2020 年までに，国際協定の下での義務に則って，森林，湿地，山地及び乾燥地をはじめとする陸域生態系と内陸淡水生態系及びそれらのサービスの保全，回復及び持続可能な利用を確保する。

15-2　2020 年までに，あらゆる種類の森林の持続可能な経営の実施を促進し，森林減少を阻止し，劣化した森林を回復し，世界全体で新規植林及び再植林を大幅に増加させる。

15-3　2030 年までに，砂漠化に対処し，砂漠化，干ばつ及び洪水の影響を受けた土地などの劣化した土地と土壌を回復し，土地劣化に荷担しない世界の達成に尽力する。

15-4　2030 年までに持続可能な開発に不可欠な便益をもたらす山地生態系の能力を強化するため，生物多様性を含む山地生態系の保全を確実に行う。

15-5　自然生息地の劣化を抑制し，生物多様性の損失を阻止し，2020 年までに絶滅危惧種を保護し，また絶滅防止するための緊急かつ意味のある対策を講じる。

15-6　国際合意に基づき，遺伝資源の利用から生ずる利益の公正かつ衡平な配分を推進するとともに，遺伝資源への適切なアクセスを推進する。

15-7　保護の対象となっている動植物種の密猟及び違法取引を撲滅するための緊急対策を講じるとともに，違法な野生生物製品の需要と供給の両面に対処する。

15-8　2020 年までに，外来種の侵入を防止するとともに，これらの種による陸域・海洋生態系への影響を大幅に減少させるための対策を導入し，さらに優先種の駆除または根絶を行う。

15-9　2020 年までに，生態系と生物多様性の価値を，国や地方の計画策定，開発プロセス及び貧困削減のための戦略及び会計に組み込む。

15-a　生物多様性と生態系の保全と持続的な利用のために，あらゆる資金源からの資金の動員及び大幅な増額を行う。

15-b　保全や再植林を含む持続可能な森林経営を推進するため，あらゆるレベルのあらゆる供給源から，持続可能な森林経営のための資金の調達と開発途上国への十分なインセンティブ付与のための相当量の資源を動員する。

15-c　持続的な生計機会を追求するために地域コミュニティの能力向上を図る等，保護種の密猟及び違法な取引に対処するための努力に対する世界的な支援を強化する。

1. 概　要

1.1. 基本的な考え方

　SDGs の目標 15 は，「陸上資源の保全」をテーマとしたもので，具体的には「陸域生態系の保護，回復，持続可能な利用の推進，持続可能な森林の経営，砂漠化への対処，ならびに土地の劣化の阻止・回復及び生物多様性の損失を阻止する」ことを目標としている。目標 14 と同様，「国連事務局長報告」における「持続可能な自然資源管理」を反映したものである。

　世界における陸上資源の保全の現状について，国連が提供する SDGs の「事実と数字」に関する情報では，主として，次の点が示されている。

・約 16 億人が，森林に依存して生計を立てている。その中には，約 7,000 万人の先住民が含まれている。また森林には陸生種の動植物と昆虫の 80％以上が生息している。

・2010 年から 2015 年にかけ，世界では 330 万ヘクタールの森林が失われた。農村部の貧しい女性は，共同利用資源に依存しているため，森林破壊による特に大きな影響を受ける。

・26 億人が農業に直接依存していて，農地の 52％は土壌荒廃による中程度の，または深刻な影響を受けている。耕地の喪失は，以前よりも 30〜35 倍の速さで進んでいると思われる。

・毎年，干ばつと砂漠化によって 1,200 万ヘクタール（1 分間に 23 ヘクタール）の土地が失われている。これは 1 年間で 2,000 万トンの穀物が栽培できる面積に相当する。全世界で貧困層の 74％が，土地劣化の直接的影響を受けている。

　陸上資源をめぐり最も注目される話題として，森林資源の管理があげられる。近年環境汚染や無計画な伐採，都市化の影響などにより，1990 年から 2015 年の間に約 1 億 2900 万ヘクタールが失われた。（『世界の農林水産 Winter2015』）とりわけ途上国では，コーヒーなどの商品作物を生産するため，大規模な焼畑農耕などの形で森林開発が行われている。過度な森林伐採により，貴重な動植物の住処が失われるとともに，それらを利用して成り立ってき

た狩猟採集民たちの生活も失われてしまうのである。この問題が気候変動問題や地域紛争・難民問題にもつながっていることは容易に理解できるだろう。

　さらに，近年この問題で大きく取り上げられている話題として生物多様性の維持がある。生物多様性とは，「長い地球の歴史の中で作り上げられてきた生物の豊かなつながり」である。生物は環境に適応して進化した結果，3,000万種ともいわれる多様な生物が生まれてきた。これらの生物は直接・間接に関わらずつながっており，ひとつの生物の絶滅は場合によっては人間の生活に影響を及ぼす可能性もある。この問題に取り組むため，1993年には，生物多様性の保全や生物資源の持続可能な利用，遺伝資源の利用に基づく利益の公平な分配を目的とした「生物多様性条約」が発効した。

　この問題に対して，身近な取り組み事例としてあげられるものに，里山を守るという活動がある。里山とは，「原生的な自然と都市との中間に位置し，集落とそれを取り巻く二次林，それらと混在する農地，ため池，草原などで構成される地域」を指す。これらの自然は，農業などの人間が手を加えることで環境が形成・維持されてきた。またこれらの自然は川を通じて，海に栄養分を送り込み，豊かな海を作るのに貢献している。近年，地域の過疎化や高齢化などで里地里山の保全活動が滞ってしまうケースがみられる。生物多様性の面からも，地域文化の継承の面からも里山の保全・活用をより一層進めていくべきであろう。（里山についての環境省 http://env.go.jp/nature/satoyama/top.html 2023年7月1日閲覧）

1.2.　陸上保全×観光＝エコツーリズムからコミュニティベース観光へ─沖縄・西表島の事例から─

　海洋保全や陸上の自然保護の重要を学ぶ旅として，人々の中に確実に浸透している旅行の形態にエコツーリズムがある。環境省によればエコツーリズムとは「地域ぐるみで自然環境や歴史文化など，地域固有の魅力を観光客に伝えることにより，その価値や大切さが理解され，保全につながっていくことを目指していく仕組み」と定義づけられ，「観光客に地域の資源を伝えることによっ

て，地域の住民も自分たちの資源の価値を再認識し，地域の観光のオリジナリティが高まり，活性化させるだけでなく，地域のこのような一連の取り組みによって地域社会そのものが活性化されていく」と期待している。(環境省 https://nv.go.jp/nature/ecotourism/try-ecotourism/about/index.html 2023 年 7 月 1 日閲覧) 持続可能な観光振興を意図して，1990 年代に日本でも浸透していったものであり，日本国内の豊かな自然を活かしたさまざまなエコツーリズムの試みがなされている。地域独自の自然をめぐり，その特徴や価値，周辺社会とのかかわりあいなどを学べるとして好評で，海洋や森林などをめぐるさまざまなツアーが催行されている。

　一方で，このエコツーリズムの試みに対して，地域社会の視点からみた時に必ずしも手放しで歓迎されている事例ばかりではない。特に指摘されているのはエコツーリズムの多くが観光ツアーを再考する観光事業者で計画・実施されてしまい，地元の人々がないがしろにされてしまっていることが多い点である。こうした点を踏まえ，地元の人々が主体的に自分たちの地域の自然や社会・文化を伝える観光ツアーを催行していくコミュニティベースの観光に関心が高まっている。その先駆的な地域として沖縄県・西表島がある。

　西表島は，珍しい自然を活かしたコミュニティベースのエコツーリズムを実施し，年間観光客数は約 40 万人が訪問している。その特徴のひとつに，地域の人々が主体となって地元の自然や社会・文化を学び，それを紹介するツアーを設けている点である。地元の人々が自ら主体的に学び，自ら気づいた点をもとにツアーを企画することで，外部から来た観光業者が作成した既存のツアーとは異なる。地元の視点が取り入れられたユニークなツアーがつくられている。マングローブの美しい林の魅力を引き出すために，地元の人しか知らない海上ルートを案内したり，イリオモテヤマネコの遭遇しやすいスポットを訪問する道すがら，病気で弱っていたところを保護した時の話を，その現場で実際に紹介するなど地元の人だからこそできる臨場感あふれるガイドが行われる。参加した観光客からはどのツアーも毎回新鮮な驚きを味わえると評判で，さまざまなツアーに参加するためリピーターとなるものも増えている。西表島の独

自の自然の豊かさは，生物多様性を示すものとして 2021 年に沖縄本島や奄美諸島の島々とともに世界自然遺産に登録された。このことから，今後西表島のコミュニティベースの観光は，より注目されることが期待される。エコツーリズムは，決して自然の豊かさを学ぶだけのツアーではない。地元の人々の積極的な関与の中で，地元の視点に基づいた自然保護と経済成長のバランスを踏まえたものにしていくことの重要性を，西表島の試みから学ぶことができるはずである。

 2.　目標 15 に向けた SDGs における目標と方策

「目標15　陸の豊かさも守ろう」を達成するために，SDGs では具体的な目標を次のように掲げている。

まず 2020 年までに森林，湿地，山地，乾燥地など陸域の生態系と，内陸の淡水地域の生態系，および，それらがもたらす自然の恵みを，守り，回復させ，持続可能な形で利用できるようにする（15-1）。2020 年までに森林の減少を止め，回復させていく（15-2）とともに生物多様性を維持し，生物の絶滅を防ぐ（15-5）。2030 年までには，砂漠化を防ぎ（15-3），山地の生態系の能力を高める（15-4）。また医薬品などの遺伝情報を用いたビジネスに対しては先進国の企業が利益を独占しないように公正なルールを作り（15-6），保護動物を密猟などから守る（15-7）。さらに 2020 年までに外来種の拡大に対する駆除などの対策を取り（15-8），各国の社会経済開発のプログラムに生物多様性を守ることを組み込んでいく（15-9）。

こうした目標を達成するため，生物多様性や生態系を維持するための資金の確保（15-a），持続可能な森林保護管理のための資金確保（15-b）および野生動植物の密猟や不法取引をやめさせるための国際的支援の必要性を指摘している（15-c）。

3.　日本における具体的な取り組み

Sustainable Development Report 2023 によれば，日本におけるこの目標の

達成度は，2020年に「最重要課題」段階にダウンした。また目標達成に向けた進捗傾向は毎年「適度に改善している」状況を示していたが，2021年に「悪化している」に急激に落ちこみ，その後も「停滞している」が続いている。このことからも，改善に向けて早急に対応すべき項目となっている。悪化につながった原因として，陸上動物における絶滅危惧種の保護への不十分な対応や高齢化による林業の衰退，台風などの災害の頻発化などがあげられる。

　こうした問題に対する具体的な取り組みのひとつに，里山の保全活動があげられる。手つかずの自然という言葉を耳にするが，実は我々の周囲の自然はむしろ人間が手を加え，関与することでその景観を作り上げてきた。このような人間の営為によって作られた郊外の自然環境である「里山」では，農業や林業，炭焼き，養蚕など，その土地の生態系に溶け込んだ生業や生活によって資源やエネルギーが循環する。沢や水路，田畑，森林などの土地を人が切り拓き，利用することによって，多様な生態系が保たれてきた。しかし，経済開発による生業や生活の変化は，都会への人の移動と土地利用の変化を加速させた。休耕地や荒れた森林が増え，生きものの多様さも損なわれた。こうした問題に対処するため，生物多様性の実態や変化を知るために，地域の植物分布や里山に特有な生物の生息地を調べてマップをつくったり，子どもたちのための自然観察会を行ったり，水源林の整備をしたりする活動を通じて，人が自然と関わり合いながら，自然の豊かさを維持していく。

　また，日本企業や団体がすすめる具体的な取り組みとしては次の事例がある。

・地球環境の保全および気候変動への対策と持続可能な原料調達の実現を目指す。マレーシア・ボルネオ島での生物多様性の保全に取り組み，持続可能なパーム油を活用したRSPO認証製品の開発を推進している。またエジプトでは砂漠の緑化についての研究を進め，乾燥地帯でも育つホホバの苗を植え，その種子から高品質なホホバオイルを抽出して商品へ応用している（サラヤ）。

・ソニーコンピュータサイエンス研究所による協生農法および支援システムの

実施。多種多様な植物をひとつの農地に自然状態以上に密生・混生させることで，植物とそこに共生する虫や動物が互いに成長をはぐくむ生態系を回復させる農法。それぞれの土地の風土や気候に合わせた植物の栽培に役立つビッグデータの解析技術や，農園管理に役立つ小型・高精度のセンサー技術など，ソニーの技術を活用した協生農法マネジメントシステムの構築に取り組み，グローバルな農法を実践。

・野生動物と接触する交通事故は自動車の損害や人的な被害を引き起こすほか，ヤンバルクイナ等の希少な野生動物の轢死（ロードキル）は生物多様性の損失にも繋がる。野生生物の実態に十分な知識のない観光客の増加等により，深刻な問題となっている。三井住友海上火災保険では，MS&ADインターリスク総研と協力し，同社が提供しているスマートフォン向け無料アプリ「スマ保『運転力』診断」の機能として「野生動物事故多発アラート」を導入。地方自治体等が保有する情報やデータを活用し，動物事故多発地点および区間に接近すると，音声で注意を促す仕組みである。

148

☕ 国際理解コラム：ソロモン諸島—資源開発の魅力と課題—

　太平洋諸島は手つかずの森林が数多く残されている地域としても知られている。なかでも広大な森林地帯とともに，赤道直下の地域では世界有数といえるほどの動植物の垂直分布が見られるソロモン諸島は，さまざまな人々がその自然保護と産業開発の両面から注目している国のひとつといえるだろう。

　「ソロモン諸島はパプアニューギニアの東方に位置し，国土面積は 280 万 ha で，990 の島々からなり，9 州に分かれる。FAO の『Global Forest Resources Assessment 2015』によれば 2015 年の森林面積は約 220 万 ha，森林被覆率は 78%で，大洋州で最も高い。一方で国連気候変動枠組み条約（UNFCCC）に提出された国家森林参照レベル策定のため実施された衛星画像を使った調査では，2017 年の全国の森林面積は 252 万 ha，森林被覆率 90%と報告されている。またソロモン諸島林業研究省が 2019 年に発表した資料でも，森林率は 90%とされている。」（林野庁，2020）

　ソロモン諸島は熱帯木材の供給先としても先進国から注目されて，違法伐採されたものも含め海外に輸出されてきた。そのため 1980 年代には，輸出目的の木材資源の過剰な伐採，森林の劣化，それにともなう将来の伐採産業の崩壊という予測が多く報告された。無秩序な森林伐採は，伐採後の地域で砂漠化なども起き，そこに生息する動植物の減少につながっている。その結果，その自然とともに生き，それらを狩猟採取してきた現地の人々の生活にも悪影響を与える。自給自足を基本とし，森の中で生きてきた人々は自分たちの生活の場を失われたことにより，都市部などに移住しなくてはならなくなる。こうして都市への人口集中が 2000 年代初めのソロモン諸島の国内騒擾につながっていった遠因にもなっている。

　ソロモン諸島政府も過剰な伐採を抑制する政策を何度も取ろうとしたが，たびたび起こる政権交代による政府方針の変更もあり，計画的に推進することができなかった。とりわけ問題を複雑にさせているのは，国内の土地のほとんどが慣習地と呼ばれる地域コミュニティで所有している複雑な制度面の問題である。ただし，これがあったために大規模な経済開発を実施することが困難となり，海外からの大規模投資による開発が阻止され，自然が保全されたという皮肉な面もある。

　2000 年代以降，木材以外に新たに開発を進める動きがでてきた。ソロモン諸島においても，特殊鋼や電池などの材料であるニッケルの探鉱が実施されてきた。ソロモン諸島のニッケル埋蔵量は，日本の年間消費量の約 10 倍にあたると見込まれる。この可能性を期待し，海外の企業がサンタ・イザベル島などの鉱区候補地に進出し，試掘などの開発が行われた。しかしながら，この鉱区開発でも現地住民の反対や政府関係者の方針転換などもあり，日本企業を含めた

多くの企業が撤退している。

　ソロモン諸島で森林および鉱山開発が進まないことは，同国の経済発展にも大きく反映されている。これだけ豊富な資源がありながら，太平洋諸島の中でも一人当たりのGDPは下から数えて1，2番目である。人口が多いということもあるが，社会開発が進まないことでそのポテンシャルを活かしきれていないということも確かである。

　その一方で，未開発だったことが自然環境にとっては大きなメリットとなった。生物多様性が保たれたことで，他地域にみられないような動植物資源も残されている。現地で採られたはちみつを分析したところ抗がん剤として期待されるような成分が確認されたということも報告されている。持続的可能な形での地域社会の開発と生物多様性を踏まえた自然環境の保全を両立させていくことが，今日のソロモン諸島が取り組んでいくべき課題なのである。

写真17-1　希少な野生の植物を守る保護地区（ソロモン諸島）

第 18 章　目標 16　平和と公正をすべての人に

戦争や平和と言われてもあまりピンとこないんだ。両親も祖父母もみんな戦後生まれだから。でも，世界中には戦争で苦しんでいる人々がまだまだたくさんいるんだ。せめて映像を通してだけでも平和の尊さを知ることで，その大切さを理解することが大事だよね。

〈目標 16 のターゲット〉

16-1　あらゆる場所において，全ての形態の暴力及び暴力に関連する死亡率を大幅に減少させる。

16-2　子供に対する虐待，搾取，取引及びあらゆる形態の暴力及び拷問を撲滅する。

16-3　国家及び国際的なレベルでの法の支配を促進し，全ての人々に司法への平等なアクセスを提供する。

16-4　2030 年までに，違法な資金及び武器の取引を大幅に減少させ，奪われた財産の回復及び返還を強化し，あらゆる形態の組織犯罪を根絶する。

16-5　あらゆる形態の汚職や贈賄を大幅に減少させる。

16-6　あらゆるレベルにおいて，有効で説明責任のある透明性の高い公共機関を発展させる。

16-7　あらゆるレベルにおいて，対応的，包摂的，参加型及び代表的な意思決定を確保する。

16-8　グローバル・ガバナンス機関への開発途上国の参加を拡大・強化する。

16-9　2030 年までに，全ての人々に出生登録を含む法的な身分証明を提供する。

16-10　国内法規及び国際協定に従い，情報への公共アクセスを確保し，基本的自由を保障する。

16-a　特に開発途上国において，暴力の防止とテロリズム・犯罪の撲滅に関するあらゆるレベルでの能力構築のため，国際協力などを通じて関連国家機関を強化する。

16-b　持続可能な開発のための非差別的な法規及び政策を推進し，実施する。

1. 概　　要

1.1.　基本的な考え方

SDGs の目標 16 は，「平和と公正（法律）」をテーマとしたものである。具体的には，「持続可能な開発のための平和で包摂的な社会を促進し，すべての人々に司法へのアクセスを提供し，あらゆるレベルにおいて，効果的で説明責任のある包摂的な制度を構築する」ことを目標としている。この目標も「国連事務局長報告」で提言された目標である「良いガバナンスと効果的制度」及び「安定した平和な社会」を反映している（蟹江 2020）。

世界における平和と公正の現状について，国連が提供する SDGs の「事実と数字」に関する情報では，主として，次の点が示されている。

・腐敗が最も広がっている制度の中には，司法と警察が含まれている。贈収賄や横領，窃盗，脱税は，開発途上国に年間およそ 1 兆 2,600 億ドルの被害を及ぼしている。これは，1 日 1 ドル 25 セント未満で暮らす人々を少なくとも 6 年間，1 ドル 25 セント以上で生活させることができる金額に相当する。

・5 歳未満児の 73％は出生届の対象となっているが，サハラ以南アフリカでは出生届率が 46％に止まっている。紛争被災地域には，小学校就学年齢で通学できない子どもが約 2,850 万人いる。

・有罪判決なしに拘禁されている受刑者の割合は最近の 10 年間，受刑者全体の 31％を占め，ほぼ横ばいとなっている。

人々はみな平和を望んでいるが，戦争や紛争が起き暴力や迫害により命を奪われたり，故郷を追われ，異郷で生活を余儀なくされている人もたくさんいる。国内においても，子どもや配偶者に対する家庭内暴力などで身体的・精神的な被害を受けている人々も多数存在している。持続可能な開発を進めるために，家庭，社会，国家などのいろいろな場面で暴力をなくさなくてはならない。そのためには，世界の人々が法律を理解し，法律を守る行動をすることが大切である。

この目標に関して現在もっとも大きく取り上げられている問題として，難民

問題がある。難民とは1951年の「難民の地位に関する条約」では，「人種，宗教，国籍，政治的意見やまたは特定の社会集団に属するなどの理由で，自国にいると迫害を受けるかあるいは迫害を受けるおそれがあるために他国に逃れた」人々と定義されている。ロシアによるウクライナ侵攻の影響もあり，難民の数は近年増加しており，現在1億人以上の人々が故郷を追われている。こうした問題に対処するには，紛争を解決し戦乱を止めることが重要であるが，それまでの間は，戦乱から逃れた難民たちを先進国が中心となり保護し，受入社会の中で自立できるように支援することがあげられる。

1.2.　平和×観光＝ダークツーリズムから共感に基づいた交流のツーリズムへ：慰霊巡拝の事例から

　観光と平和の関係を考える上で注目されている観光形態に，ダークツーリズムがある。災害被災跡地や戦争跡地など，人類の死や暴力，虐待など悲劇にまつわる場所を訪問する観光と定義づけられている（井出 2018）。アウシュビッツ強制収容所やチェルノブイリ原発事故現場などが有名で，日本でも広島・長崎の平和記念公園などがあげられる。

　ダークツーリズムはしばしば平和教育と結びつけられることが多い。修学旅行先として広島・長崎や沖縄を訪問した際，上記の平和記念公園や原爆ドーム，ひめゆりの塔などを訪れることで，悲劇の現場を自分の目で見て，語り部たちからその苦しみを直に聞くことができる。こうした悲しみの記憶を追体験することで，改めて平和の重要性を心に強く刻み込むことができる。

　このようなダークツーリズムは，死や暴力という悲劇的な側面が注目されがちであるが，それとは異なる側面も見出すことができる。第二次世界大戦の激戦地を訪れる遺骨収集・慰霊巡拝の旅の事例から考えてみよう。

　遺骨収集・慰霊巡拝とは，第二次世界大戦時に海外で亡くなった240万人の邦人を死を悼み，現地に残されたままの遺骨を回収し，慰霊を行う日本政府による事業である。現在も半数近くの遺骨が未回収で，それを回収するために遺族たちが現地を訪れ，また戦没者のために亡くなった慰霊碑を訪れるツアーが

実施されている。毎年実施され，多くの遺族たちが訪問する姿は，亡くなった人々の追悼を目的とした一種の巡礼のようにすら感じさせられる。

　遺族たちは遺骨収集・慰霊巡拝事業の中で，現地を訪れると，あることに気づかされる。遺骨収集事業を推進するため，現地で日本人兵士たちの遺骨を大事に保管してくれている人々や，慰霊碑での式典を開催するために準備を進めてきた現地政府関係者の協力である。式典終了後に日本から訪問した参加者と現地の年配者との交流の場で，戦争当時の様子や日本人兵士たちとの思い出を耳にする。戦争体験は，日本人のみならず現地の人々の苦しみであったことを知る。と同時にこの会話を通じて，戦争を共感し合える仲間として新たな交流が生まれている。遺族の中には自分の遠い親戚のように感じ，毎年訪問団に参加して，再訪する人も少なくない。亡くなった父親や祖父が結び付けてくれた縁だと話してくれた人もいた。慰霊巡拝は悲しみの記憶を共有するとともに，共感し合える新たな仲間のネットワークを作り出している。

　戦後70年以上が過ぎ，戦争を直接体験したことのある世代も少なくなってきた。ダークツーリズムに対して，悲劇を忘れず，二度と繰り返さないことを誓うという人間のマイナス面を振り返ることも重要である。と同時に，その悲劇を通じて出会い，新たに作り上げられた仲間たちとの交流というプラスの面にも光を当てていくべきではないだろうか。

2. 目標16に向けたSDGsにおける目標と方策

　「目標16　平和と公正をすべての人に」を達成するために，SDGsでは具体的な目標を次のように掲げている。

　まずあらゆる場所で，あらゆる形の暴力と，それによる死を大きく減らすことをうたっている（16-1）。特に子どもに対する虐待や搾取，取引をなくす（16-2）。すべての人が裁判所などの司法を利用でき（16-3），暴力で財産を奪ったり，武器を購入するなどの組織犯罪を撲滅させる（16-4）。特に汚職や収賄を削減させ（16-5），公的機関を十分に機能させていく（16-6）。法律など重要なことを決める場合には，すべての人が参加し，その人々の意見が反映される代表の

下で行われるようにする（16-7）。特に国境を超える問題に対して先進国のみ
ならず，途上国の参加も強化する（16-8）。すべての人々の存在が把握できる
ように2030年までに出生登録をふくめ，すべての人が，法的な身分証明を持
てるようにする（16-9）。そして国内の法律や国際的な取り決めにしたがって，
だれでも情報を手に入れられるようにし，基本的な自由がおかされず，守られ
るようにする（16-10）。

　こうした目標を達成するため，開発途上国において暴力を防ぎ，テロや犯罪
をなくすための国際的な協力体制や専門機関作りに協力し（16-a），持続可能
な開発のために，差別のない法律や政策をすすめ，実施する（16-b）。

3.　日本における具体的な取り組み

　Sustainable Development Report 2023によれば，日本におけるこの目標の
達成度は2023年に「目標達成」から「課題が残っている」に1段階悪化し，
目標達成に向けた進捗傾向も「停滞している」。日本は，その優れた出席登録
制度は世界でも高く評価されている一方，記者クラブ制度によるフリーランス
の記者や外国人記者への差別がある点が指摘されている。今回のランクダウン
の原因も「報道の自由度」への課題が指摘されており，これは日本の政府と大
手メディアに向けられた不満の表れと言えるだろう。

　この目標達成に向けた具体的な取り組みのひとつに，日本各地の自治体や
NPO団体が主催している平和に関する映画祭がある。毎年9月21日の国際平
和の日（ピースデー）に合わせ，横浜で開催されている国際平和映像祭
（UFPFF）はその一例である。「平和をテーマに5分以内の映像をつくってく
ださい」という問いによる募集をし，実際に応募された作品が上映されるイベ
ントである。作品は世界中の誰もが応募でき，フィクション，ノンフィクショ
ン，アニメ，CGなど表現方法は何でもよい。戦争や紛争にまつわることだけ
ではなく，家族との時間，人とのつながりなど，人が映像を通して表現しよう
とする「平和」は実にさまざまであることがわかる。監督として映画を作製し，
あるいは観客としてそれを鑑賞する。その交流を通じて平和とはそもそも何な

のかを考えることにつながる。

　また，日本企業や団体がすすめる具体的な取り組みとしては次の事例がある。

・出生登録や無戸籍児の問題にフォーカスを当て，「ID2020」と呼ばれる，ブロックチェーン技術と生体認証システムを組み合わせた個人認証の仕組みの構築。一度書き込まれた情報は改竄しづらいというブロックチェーン技術と生体認証によって，戸籍を持てない難民でも個人の真正性を担保できるようにした（アクセンチュア社・マイクロソフト社）。

・原爆ドームや平和記念公園をはじめ，数多くの平和関連施設を巡りながら，被爆の痕跡や復興の証を見ることができる観光ツアーコースの設置。市民ボランティアがガイドとなり「平和への思い」を巡り，平和な世界に向けて自分たちに何ができるか考えるきかっけを与えている（広島市）。

・経済的窮状から弁護士を選任することが困難な方に対して，弁護士費用の援助を行う法テラス（日本司法支援センター）を通じて，司法へのアクセスを開き，「法の支配」を実現していく。また経済的困窮者の債務整理を行って経済的更生を促進し，女性や子どもに対する暴力根絶のための犯罪被害者支援を行い，人権の保障を行う（法律事務所Ｓ（旧・相模原中央総合法律事務所））。

☕ 国際理解コラム：バヌアツ共和国―「世界で一番幸せな国」を悩ます
　　　　　　　　家庭内暴力―

　太平洋諸島は他のアジア・アフリカ地域と比べ，戦乱や暴力による社会混乱
が注目されるケースは少ないが，メラネシア地域ではしばしば動乱や社会混乱
が表面化する。1990年代以降でも，パプアニューギニアにおけるブーゲンビル
島での独立闘争，ニューカレドニアのフランスからの独立闘争，ソロモン諸島
の国内での民族対立による騒擾，そしてフィジーでの度重なるクーデタ。そう
したメラネシア地域の中で，例外的に落ち着いた国がある。バヌアツだ。

　バヌアツは，豪州の北東に大小80の島々が南北に連なってできた島国であ
る。バヌアツにはかつてロイ・マタという伝説の大酋長が存在していた。彼は
互いに入り乱れ戦乱が絶えなかった社会のなかで，各親族集団ごとにシンボル
となる動植物を定め，それを敬うことで互いが争わない秩序を作り上げた。現
在でも諸民族を平和的に統一し，社会変革を実現した人物として，バヌアツの
人々の精神的支柱となっている。彼の功績は口伝えで知られてきたため，伝説
上の人物とされていたが，その後考古学調査によって彼の墓地などが発見され，
現在はバヌアツ唯一の世界遺産に登録されている。

　バヌアツは，幸福指標（Happy Index）で評価した英国の団体により「世界
で一番幸せな国」との評価を過去に受けた。バヌアツの人々自身が世界でも貧
しい国に位置づけられていることに疑問を持っているようだ。太平洋島嶼国，
どこに行っても浮浪者はいない。必ず誰かが世話をする。だから再貧国，と国
連機関に指定されても，「貧しさ」というのは感じない。逆に精神的，文化的，
そして自然の豊かさが満ちている。現地の人々のほとんどが自分の家の畑で作
物を作り豚や牛を放し飼いにしている。農薬や肥料を撒かなくても餌をあげな
くても，植物も動物も勝手に育っていく。バナナやパイナップル，パパイヤが
そこら中の道端で1年中熟し，お腹が空いたら勝手にもいで食べることができ
る。だから物乞いも存在しないし失業しても食うのに困らない。電気やガスな
どのインフラが整っておらず冷蔵庫など全く普及していないが，その日に食べ
るものだけを畑からとってきて，足りないものは毎日近隣の親族や友人と分け
合って暮らしている。こうした点が「世界で一番幸せな国」につながった要因
だろう。

　しかし，個別の家庭の状況を見ていくと，問題が存在しないわけではない。
とりわけ大きな問題になっているのが障がい者に対する対応と女性に対する家
庭内での暴力の増加である。

　バヌアツは人口30万人のうち，約3千人が障がいをもつ（2019年世界銀行）。
ユニセフの2015年レポートはバヌアツの障がい者が直面している問題として，
教育・貧困・経済活動に加え，家庭内での暴力や置き去りという状況があげら

れている。

　とりわけ災害時において障がい者が大きな問題に直面する。2015年3月に大型サイクロン・パムでは，障がいをもつ被災者は救援物資の配給場所に到達することや長い列に並ぶことができないため，置き去りにされた。障がい者に対する社会の対応が最大の障壁であり，さまざまな権利の行使や機会へのアクセスを阻んでいる。障がい者に対する決めつけや蔑視は広く残っている。

　一方，女性に対する家庭内暴力も大きな問題となっている。メラネシア地域では男性がリーダーシップをとり，家族やコミュニティの問題に対処することが当然視され，女性はそれに従うものとされてきた。女性は家庭内で男性から暴力を振るわれても，それは躾として他の家族が口を出すことははばかられてきた。

　近年では社会問題に目覚めた女性たちが，男性たちの悪弊を公然と批判する動きが出てきている。客船接岸時に港湾周辺部に集まるバス，タクシー運転手の悪態をソーシャルメディアで批判した地元女性が，後日複数名のタクシー運転手に連れ去られ暴行を受けるというショッキングな事件が発生した。これに対し，女性への暴力反対を訴える大がかりなデモンストレーションが行われた。それでも多くの女性たちは周囲の男性やあるいは年長の女性たちの目もあり，男性に対して声をあげることは難しい。女性への暴力はこの地域の大きな問題であり，引き続き長期的な努力が必要となっている。

写真18-1　ロイ・マタの臨終の地とされるレレパ島のフェルズ洞窟（バヌアツ）

　家庭内暴力を減らすためには，国家ベースでも暴力を許さないように法的な措置を整備していく必要がある。ところが国家レベルで見た場合も，そのための法的な整備が進んでいるわけではない。女性に対する暴力を防ぐためには，女性の視点からの法的な課題を洗い出さなくてはならないはずだ。しかし，バヌアツでは女性の国会議員は 2023 年現在 1 人だけだ。それには政治の世界では男性がリーダーシップをとるものとみられる文化的な背景もある。

　ロイ・マタは社会の弱者にも目を向け，人々の中に秩序を作り上げたことにより平和を構築した。女性や障がい者など現代社会にもさまざまな差異を持った人々が共存している。グローバル社会が進展し，さまざまな価値観を持った人々が共存する今日においてこそ，ロイ・マタのような人物が求められているのかもしれない。

第19章　目標17　パートナーシップで目標を達成しよう

SDGsの重要性はだんだんわかってきたし，自分も持続可能な社会を目指して活動に参加したい。きっと，世界中の企業や団体が自分たちの得意な技術を活かして協力していければ，SDGsの輪はもっと社会に浸透し，目標達成ができるよ。

〈目標17のターゲット〉

17-1　課税及び徴税能力の向上のため，開発途上国への国際的な支援なども通じて，国内資源の動員を強化する。

17-2　先進国は，開発途上国に対するODAをGNI比0.7％に，後発開発途上国に対するODAをGNI比0.15〜0.20％にするという目標を達成するとの多くの国によるコミットメントを含むODAに係るコミットメントを完全に実施する。ODA供与国が，少なくともGNI比0.20％のODAを後発開発途上国に供与するという目標の設定を検討することを奨励する。

17-3　複数の財源から，開発途上国のための追加的資金源を動員する。

17-4　必要に応じた負債による資金調達，債務救済及び債務再編の促進を目的とした協調的な政策により，開発途上国の長期的な債務の持続可能性の実現を支援し，重債務貧困国（HIPC）の対外債務への対応により債務リスクを軽減する。

17-5　後発開発途上国のための投資促進枠組みを導入及び実施する。

17-6　科学技術イノベーション（STI）及びこれらへのアクセスに関する南北協力，南南協力及び地域的・国際的な三角協力を向上させる。また，国連レベルをはじめとする既存のメカニズム間の調整改善や，全世界的な技術促進メカニズムなどを通じて，相互に合意した条件において知識共有を進める。

17-7　開発途上国に対し，譲許的・特恵的条件などの相互に合意した有利な条件の下で，環境に配慮した技術の開発，移転，普及及び拡散を促進する。

17-8　2017年までに，後発開発途上国のための技術バンク及び科学技術イノベーション能力構築メカニズムを完全運用させ，情報通信技術（ICT）をはじめとする実現技術の利用を強化する。

17-9　全ての持続可能な開発目標を実施するための国家計画を支援するべく，南北協力，南南協力及び三角協力などを通じて，開発途上国における効果的かつ的をしぼった能力構築の実施に対する国際的な支援を強化する。

17-10　ドーハ・ラウンド（DDA）交渉の結果を含めたWTOの下での普遍的でルー

ルに基づいた，差別的でない，公平な多角的貿易体制を促進する。

17-11　開発途上国による輸出を大幅に増加させ，特に 2020 年までに世界の輸出に占める後発開発途上国のシェアを倍増させる。

17-12　後発開発途上国からの輸入に対する特恵的な原産地規則が透明で簡略的かつ市場アクセスの円滑化に寄与するものとなるようにすることを含む世界貿易機関（WTO）の決定に矛盾しない形で，全ての後発開発途上国に対し，永続的な無税・無枠の市場アクセスを適時実施する。

17-13　政策協調や政策の首尾一貫性などを通じて，世界的なマクロ経済の安定を促進する。

17-14　持続可能な開発のための政策の一貫性を強化する。

17-15　貧困撲滅と持続可能な開発のための政策の確立・実施にあたっては，各国の政策空間及びリーダーシップを尊重する。

17-16　全ての国々，特に開発途上国での持続可能な開発目標の達成を支援すべく，知識，専門的知見，技術及び資金源を動員，共有するマルチステークホルダー・パートナーシップによって補完しつつ，持続可能な開発のためのグローバル・パートナーシップを強化する。

17-17　さまざまなパートナーシップの経験や資源戦略を基にした，効果的な公的，官民，市民社会のパートナーシップを奨励・推進する。

17-18　2020 年までに，後発開発途上国及び小島嶼開発途上国を含む開発途上国に対する能力構築支援を強化し，所得，性別，年齢，人種，民族，居住資格，障害，地理的位置及びその他各国事情に関連する特性別の質が高く，タイムリーかつ信頼性のある非集計型データの入手可能性を向上させる。

17-19　2030 年までに，持続可能な開発の進捗状況を測る GDP 以外の尺度を開発する既存の取組を更に前進させ，開発途上国における統計に関する能力構築を支援する。

1. 概　要

1.1. 基本的な考え方

SDGs で最後に掲げられた目標 17 は，「パートナーシップ」をテーマとしたものであり，具体的には「持続可能な開発のための実施手段を強化し，グローバル・パートナーシップを活性化する」ことを目標としている。この目標はMDGs の目標 8「開発のためのグローバルなパートナーシップの推進」を継承しているとともに，「国連事務局長報告」で提言された目標「グローバルな環境づくりと長期的資金促進」を反映している（蟹江 2020）。

世界における平和と公正の現状について，国連が提供する SDGs の「事実と数字」に関する情報では，主として，次の点が示されている。

・2014 年の政府開発援助（ODA）総額は 1,352 億ドルと，過去最高の水準を記録した。また先進国は，途上国からの輸入品の 79％に関税を免除している。途上国の債務負担は，輸出収入の 3 ％程度で安定している。

・世界の若者の 30％は，オンライン歴 5 年以上の「デジタル・ネイティブ」だが，40 億人以上がインターネットを利用できておらず，しかもその 90％は途上地域に暮らしている。

持続可能な開発目標を成功させるためには，国家，政府，企業，市民それぞれの間で，立場も地域を超えたパートナーシップが必要である。「パートナーシップ」とは，お金や労働，技術などにおける協力関係のことである。多種多様なテーマに取り組む SDGs は，ひとりの力で達成することは不可能である。目標を達成するには，国や自治体，企業，市民団体，個人など，あらゆる人たちが結束して取り組んでいく必要がある。

また SDGs を達成するためには，先進国と途上国の間で緊密な協力関係を築き上げていかなくてはならない。持続可能な開発を行うためには，世界中の人々に対して，電気，ガス，水道，下水，道路，通信などの設備が供給されることが必要だといわれる。先進国と途上国は協力し合いながら，先進国から途上国へ資金や技術の支援を積極的に行っていくことが求められている。

　先進国からは，計画的に低金利の借款や無償資金援助を提供し，途上国の健全な経済成長を支援することが求められている。また政府開発援助（ODA）とともに，民間企業による投資の促進を進めることが重要である。一方，先進国からの協力を円滑に進めるために途上国側が整備すべき問題として，正確なデータの作成があげられる。正確なデータを得ることで，取り組むべき項目を具体的に定められるとともに，資金を提供する先進国側に対して適切に取り組みが遂行されているということを信頼感を与え，先進国からODAや投資を引き出すことができるようになる。

1.2.　パートナーシップ×観光＝日本による世界貢献を実感する旅—ODA視察ツアー—

　世界各国が協力し，持続可能な成長を成し遂げる上で，経済大国・日本に対して，より一層の経済支援を期待する声は大きい。1990年代半ばには，日本の政府開発援助（ODA）は世界1位となり，社会経済インフラ整備を行う日本企業が世界中で活躍し，多くの途上国の若者に対して技術協力が行われた。その業績は，世界から高く評価されている。

　一方で，長引く経済不況の影響もあり，日本のODA実績は停滞気味である。日本国内には，経済成長が順調に進まない中で他国への支援に力を入れることに否定的な考えがあるのも事実だ。またODA実績を求める余り，現地のニーズと合わずに，未使用のままになっている施設があると報道されることもあった。このように国内外におけるODAをめぐる評価の違いを理解するためにも，実際にODA事業が現地でどのように利用されているかを知るツアーが存在している。ODA視察ツアーである。

　日本のODA実施機関である独立行政法人国際協力機構（JICA）が大手旅行代理店と共同で企画して，途上国でのODA事業を視察するツアーが実施されている。日本の協力で実施された道路や埠頭などの経済社会インフラ施設を訪れたり，日本から現地の学校や病院などで活動を行っている青年海外協力隊（JOCV）の活動を見学し，JOCVや日本で実施された研修に参加した現地の政

府関係者や学生たちから直接話を聞くなどの多岐にわたるプログラムが設けられている。ツアーの中には現地の観光スポットの訪問も含まれているが，実際に現地の人々や現地で活躍する日本人の姿を目にすることは，我々の税金がどのように使われているのかを知る意味でも有益な経験であろう。JICA が企画しているのであるから，ODA の失敗事例などを訪れることはないだろうと疑念を抱く人もいるかもしれない。しかし，現場を訪れて，そこで説明をしてくれる現地の人々の様子を見たり，活動している JOCV の隊員たちの話しぶりに接してみれば，その雰囲気からも現地の人々から好意的に受け入れられているかどうかは理解できるはずである。

　ODA 視察ツアーではないが，筆者も途上国をしばしば訪れた際に，日本の支援が現地で評価されていることを実感した機会がある。南太平洋のトンガの首都ヌクアロファを滞在した時，街中のカフェでコーヒーを飲んでいると見知らぬ大きなトンガ人男性が近寄ってきた。彼は筆者に日本人かと聞き，うなずくと急に手を握り締めて次のように語った。「私の村は水不足で悩んでいたのだが，先月日本からの支援で井戸が掘削され，安全な水がいつでも飲めるようになった。日本人に本当に感謝している。」ドラマのような状況に若干戸惑いながらも，実際に現地の人の笑顔を目にすると，やはり日本が行ってきたODA に対する評価とその重要性を再認識させられた（こうした機会を2度も経験してしまった）。

　もちろん現地では日本の ODA 実績をまったく知らない人もいるであろうし，批判的な意見をもつ人もいるかもしれない。そうした多様な意見を踏まえて上で，ODA を含めた日本の協力に対する自分なりの評価をもつべきであろう。

2. 目標17に向けたSDGsにおける目標と方策

　「目標17　パートナーシップで目標を達成しよう」を実現するために，SDGs では具体的な目標を次のように掲げている。目標17 で掲げられている目標は，SDGs 達成のための方策の実施であり，その方策の実行が目標となっ

ているのが特徴だ。

　まず資金調達の確保を重視している（17-1）。特に先進国から途上国への ODA（政府開発援助）の数量目標を設定し，それを達成させる（17-2）。その他の財源や借款の減額，投資などを通じて途上国を支援する（17-3, 4, 5）。科学技術のイノベーションに向けて地域間での協力を推進する（17-6）。特に環境対策技術や情報通信技術への協力を促進する（17-7, 8）。SDGs の達成に向けて取り組むことができる人材の能力構築を進める（17-9）。

　貿易に関しては WTO の下での公平な貿易ルールを実現し（17-10），特に途上国からの輸出を増やし，2020 年には貿易全体における途上国の割合を倍増させる（17-11）。そのために途上国が市場に参加できやすくするような有利な措置を与える（17-12）。

　政策を作る上では各国が足並みをそろえ（17-13），持続可能な開発に向けて一貫した政策をとれるよう強化する一方（17-14），貧困をなくすことと，持続可能な開発のために，政策を作ったり実施したりするときには，それぞれの国が決められる範囲や各国のリーダーシップを尊重する（17-15）。

　さらに，すべての国，特に開発途上国での SDGs の達成を支援するために，持続可能な開発のための世界的なパートナーシップ（協力関係）を強化し（17-16），さまざまな経験を有するもの同士での官民挙げてのパートナーシップの確立をする（17-17）。人種や性別などの差別なしに途上国の人々の能力を高めるための支援を強化する（17-18）。そして，持続可能な開発の進捗状況を具体的に把握するために，開発途上国における統計に関する能力を高めるための支援を行う（17-19）。

3. 日本における具体的な取り組み

Sustainable Development Report 2023 によれば，日本におけるこの目標の達成度は，「最重要課題が残っている」から「重要課題が残っている」に 1 段階改善された。これは国民総所得比に占める政府開発援助の数値が高まったことが理由とされている。目標達成に向けた進捗傾向も毎年「適度に改善してい

る」状況は続いている。こうした中，さらなる達成度の向上のために，世界から日本に期待されているのは途上国に対する ODA やビジネス分野でのより一層の貢献である。上述の通り，1990 年代には ODA の額は世界１位を記録した。しかし，国内の経済不況などの影響もあり，ODA の金額は減少傾向にあり，2010 年代後半には世界４〜５位にまで順位を下げている。とはいえ，現在でも途上国にとっては重要な ODA のパートナーとして認識されていることは間違いない。その役割としては，ODA の増額などの資金力の面だけではない。各国と緊密にコミュニケーションをとりながら，日本が主導して SDGs の達成およびその先の将来ビジョンを構築・発信していくような積極的な関与を示すことが求められている。

　目標 17 は SDGs すべての目標の達成手段であるため，他の目標と強い関係性を持っている。この問題を実施する上では，資金，技術，能力開発などを有しているさまざまな組織や団体，個人を結び付けてパートナーシップを構築していくことである。国内では SDGs の達成に向けて動いている団体や人々を結び付ける場を設けるべく「JAPAN SDGs Action Platform」が作成された。また，優れた活動をしている自治体や団体を表彰する「SDGs 未来都市及び自治体 SDGs モデル事業の選定」や「ジャパン SDGs アワード」の表彰が行われている。ただし，この問題を政府にばかり頼るのではなく，個人レベルでも実施できる取り組みがある。現在各自治体や企業団体などで市民が中心となって結成された「100 人カイギ」はその一例だ。市民が運営する会議で，その町に住んだり働いたりしている人々の活動を紹介し，緩やかなつながりを作っていくコミュニティ活動である。こうした活動紹介を通じて，さまざまな活動に参加している人々が身近にいることを知り，他の活動と結びつけながら街の将来に関わるような新たな取り組みを作り上げていけるというとても興味深い試みであるといえる。

　日本企業や団体がすすめる具体的な取り組みとしては次の事例がある。

・国際公共調達参入支援コンサルティングサービス。2015 年に世界銀行が新・調達フレームワークを発表し，これまでは導入していなかった Value for

Money や Life Cycle Cost を重視することを明確に位置づけた。そのため今後，国連調達や新興国・途上国の公共調達にも影響を及ぼすと想定される。世界的に公共調達の Open Contracting を推進する動きが強まっているため，「機能性，品質に優れるが，高コスト」という日本製品の見方が変わる可能性がある。このサービスでは，日本企業への情報提供・コンサルティングを提供し，SDGs に貢献したい日本企業を後押しする（三菱 UFJ リサーチ＆コンサルティング）。

・企業の SDGs を組み入れた経営・事業推進をサポートする「SDGs コーポレートプログラム」を 2017 年 10 月より提供し，統合報告書の作成，IR/CSR 支援，インナー・組織開発やコミュニケーション開発を支援。グループ全体のナレッジを活用し，同社がメンバーに参画する「OPEN 2030 PROJECT」や，SDGs を推進する教育機関・NGO・行政とも連携し，企業の SDGs への取り組みを推進している（博報堂）。

☕ 国際理解コラム：太平洋諸島―地域協力機構・PIF が結ぶ地域共同体の可能性―

　国土面積も人口も極めて小さい島嶼国が散在するオセアニア地域において，これらの小島嶼国が共同歩調で国際問題や地域内の課題を議論する地域協力機構は極めて重要な役割を果たしている。その地位を担っているのが，太平洋諸島フォーラム（PIF）である。

　2023年8月現在，オーストラリア，クック諸島，ミクロネシア連邦，フィジー，キリバス，マーシャル諸島，ナウル，ニュージーランド，ニウエ，パラオ，パプアニューギニア，サモア，ソロモン諸島，トンガ，ツバル，バヌアツの16カ国とフランスの海外領土であるニューカレドニアと仏領ポリネシアが加盟している。PIF は通常毎年9月初めに各国の持ち回りによる首脳会議を開催し，地域内での協力について議論を行っている。同期間には，PIF と，旧宗主国や日本や中国などの主要ドナー国との間で協力関係を協議する「域外国対話」が開催されており，近年では域外国側も大臣あるいは次官級高官を派遣するなど，同地域を重視する姿勢を示している。

　1971年にニュージーランドのウェリントンにおいて開催されて以来，PIF は同地域の首脳の対話の場として発展し，政治・経済・安全保障等の幅広い分野における域内共通関心事項の討議が行われてきた。PIF の決定はすべてコンセンサスに基づき，毎年総会において PIF としての政策の意思・方向性がコミュニケの形で採択された。このように，PIF は加盟国首脳の合議で意思決定がなされる会議体として成立した。その一方で，設立当初から PIF の常設機関である官僚組織（事務局）の設置も求められた。1973年に，PIF の貿易部門として，南太平洋経済協力機関（SPEC）が設立され，域内諸国間の経済発展を追求するための実務部隊として位置づけられ，実質上の事務局の役割を担っていた。

　1970年代以降，独立国が次々誕生していくなかで，PIF のメンバー国も拡大していき，地域の中心的な地域協力機構となった。また，域内各国が国連に加盟していくにつれて，国際社会のなかでも太平洋島嶼地域のグループとしての存在感が次第に高まっていった。国連をはじめとしたさまざまな国際会議にも同地域が招待されるようになり，それまでよりも多様な国際問題にも関与することが求められるようになった。その結果，PIF での協議を進めるうえで，年次会合の立案や合意事項の執行のため，常設組織の設立など組織面での整備が進められた。

　1990年代後半になると経済的な統一と地域の安全保障の観点から，豪州やニュージーランドが主導で地域統合を進める動きが出てくる。PIF が主導となりパートナーシップを結ぶことで国際社会との間で効率的でかつ有益な交渉をしていくことを目指すものであった。2005年には地域統合を進めるためのビ

170

ジョンが PIF より提唱される。とりわけオーストラリアやニュージーランドに移民が多数住み，経済的な結びつきが強かったトンガやサモアなどのポリネシア諸国は地域統合に対する意識が強かった。

　一方で，米国やアジア諸国との経済的関係の強化を進めたいと考えたメラネシア（パプアニューギニアやフィジーなど）やミクロネシア（パラオなど）は，PIFが国連などで協議されるテーマに対して域内で協力して提言していく会議体として捉えていた。ゆえに過度な統合を進めることには消極的であった。

　このように太平洋諸島の地域内でも地域統合をめぐり国家間で考え方が異なっている。効率的な協力を考えた場合は地域で協力して対応することが好ましい。一方で経済支援などに関しては支援をするドナー国側と支援を受けるパートナー国側との政治的な思惑も存在している。持続可能な開発を考えるためには，こうした政治的な背景についても注視しつつ，持続的開発に関与する人々が協議し合いながら，多くの人々のコンセンサスが得られるような形で実行されていくことが必要だろう。

写真 19-1　太平洋諸島フォーラムの会合に参加した首脳たち（フィジー）

第 20 章　SDGs の将来

みんなでSDGsを理解して，実行にうつしていけば，2030年までに持続可能な社会は必ず実現できるね。でも，それで終わりじゃないはずだよ。その先の未来を思い描きながら，その世界を実現するため，どのような意識をもって歩んでいくべきなのかな？

これまで 2030 年に向けて我々が取り組むべき 17 の目標を確認し，その目標の達成に向けた日本国内や海外の事例を通じて，どのような点を踏まえながら取り組んでいくべきかについて学んできた。

この章では，これまで学んできたことを実際に社会で起きていることと結びつけながら，社会の課題を見つけ出す視点を身につけていきたい。また，SDGs が達成されたときに迎える持続可能な社会はどのような姿なのかを考える上で，バックキャスト的な思考を身につけていくとともに，その先の地球規模での問題解決に向けた目標（ポスト SDGs）に対して我々ができることは何かを考えていきたい。

1. 2020 年と SDGs ―コロナウイルスがもたらした国際社会の変容と SDGs の関係―

2020 年は，SDGs がスタートして 5 年目を迎え，日本としても知名度を高める段階から，目標達成期限である 2030 年へ残り 10 年という，本格的に国内で官民挙げて実行に移すメルクマールとなる年として期待されていた。

ところが，2019 年末の中国武漢での発生を機に，翌 2020 年は当初から世界各地で猛威を振るった新型コロナウイルス（Covid-19）の影響は，国内をめぐる経済・社会・環境のさまざまな側面に大きな影響を与え続けることになった。

一部の企業などでは，コロナ禍で経済状況が悪化するなか，SDGs を従来の企業メセナ（企業による社会貢献活動）と見なし，SDGs に対する関心は急速に低下していくと否定的な意見を言うものも少なくなかった。固定化されたビジネス環境を前提とし，従来通りの事業を続けていれば良いと考えていた者にとっては，SDGs は平時のオプションとしてしか考えておらず，わざわざ経済の混乱期に取り組むチャレンジとはとらえていなかったかもしれない。

しかしながら，2020 年は明らかに日本社会の根底を変えるような大きな変化がもたらされた。これまで当たり前であると考えてきた働き方や価値観が覆され，新しい科学技術を導入した新たな形の生活を求められるようになった。このような変化は不可逆的なものであり，2020 年以前のような働き方に完全

に戻ることはないだろう。

　そうであるならば，まずは新型コロナウイルス感染症によるパンデミックが我々の生活にどのような変化をもたらしたのかについて正確に把握することが求められる。このために最も適した基準が，我々が学んできたSDGsである。

　パンデミックがもたらした影響をSDGsの視点で具体的に整理したのが下記の表である。

〈ポイント〉

新型コロナウイルス感染症がSDGsの17目標に与えていると思われる影響

目標1	貧困	ひとり親家庭の収入が減って，学校にも通えず，食事もままならない苦しい生活を強いられている子どもが増えている。
目標2	飢餓・農業	海外から輸入される食料に対する不安から，地元で採れる野菜を購入する家庭が増えている。
目標3	健康・福祉	病院の外来診療が制限され，全ての人が健康な生活を確保できなくなった。
目標4	教育	日本中の学校が閉鎖されてしまい，対面授業ができないなど，子どもたちが十分な教育を受けられないことが心配されている。
目標5	ジェンダー平等	会社の業績悪化を受け，パートの女性が最初に解雇されやすく，女性の貧困が増加している。
目標6	水・トイレ	自粛期間家にいることが増え，家事やトイレで使う家庭での水の消費量が増えた。
目標7	エネルギー	家で仕事や勉強をする人が多くなり，各家庭での使用する電力量が増加する。
目標8	経済成長・雇用	多くの店や企業の売り上げが落ち，従業員の解雇が増加。失業率の上昇など就職活動にも悪影響を与えている。
目標9	産業・技術革新	自宅での巣ごもり需要が起き，デリバリーやオンラインサービスなどの新たなビジネスが生まれた。
目標10	格差	テレワークできる人と飲食店など休業せざるを得ない人とで収入に差が生じ，格差がより顕著になった。
目標11	都市	感染防止のために公共交通機関を使う人が減少し，鉄道やバスの路線や本数を維持していくことが難しくなってきている。
目標12	生産・消費	使い捨てマスクを使うことが増えたことで，廃棄物が増えてしまった。
目標13	気候変動	自家用車で通勤をしている人が増えた結果，二酸化炭素の排出量が増えている。
目標14	海洋保全	コンビニでの需要が増え，プラスチックごみが大量に川や海に捨てられ，マイクロプラスチック問題がより深刻化している。
目標15	陸上資源	家で飼っていたペットを山などに無断で捨てる人が増え，野生化してしまい，そこにすむ在来種の動物に被害を与えている。
目標16	平和・公正	職を失い，貧しさやストレスのため罪を犯す人が増え，治安が悪化している。
目標17	パートナーシップ	欧米諸国は自国民への経済支援で精一杯で，途上国へのODAにまで十分に手が回っていない。

このように SDGs の項目はどれもが独立して存在しているのでなく，互いに関連し合っていることは明白である。ひとつの大きな出来事が多面的に社会・経済・環境に大きな影響を与えている。ここで注目すべきなのは新型コロナウイルス感染症がもたらした影響は，ネガティブなものが多いものの，なかにはテレワークの導入が進んだり，地方への移住が進展したりと必ずしもマイナスとはいえない事象も起きている。事実，テレワーク関係の機材やサービスを提供している企業は過去最高の業績を上げている。またいくつかの地方都市では，移住先として評価が高まり，実際に若者が移り住んで街の活性化が起きているという声もあがっている。社会に急激な変化を与える出来事の裏側には，実は大きなビジネスチャンスが潜んでいるはずだ。こうした可能性を把握する上でも SDGs を用いた視点は重要であることは理解できるだろう。

② バックキャスティングな見方で考える 2030 年の姿

SDGs の基準年である 2030 年―すべての人々が持続可能な社会を目指すことの重要性を理解し，SDGs の 17 の項目の達成に向けて努力していった結果，目標を達成し，素晴らしい社会を形成しているだろう。経済と社会と環境のすべてを考慮したその社会はいったいどのような社会なのであろうか。

10 年先とはいえ，我々は将来の姿を描き出すことは極めて難しい。我々は将来を想定する場合，現在の状況や条件を所与（当然のもの）として見なし，このような環境に基づいて社会が進むと想定しているからだ。このような見方は極めて短期間で，社会変化が少ない安定的な状況においては正しい見方かもしれない。

しかしながら，これからの 10 年間は，持続可能な社会という未来のビジョンに向かって我々が歩んでいくことが求められる時代である。新型コロナウイルス感染症によるパンデミックなどの想定しないことが起きるかもしれない一方，むしろ科学技術の発達が急激に進み，現在では想定できないような変化を遂げているかもしれない。

一般に我々は将来の姿を捉えるときに，2 つの異なるアプローチでの思考で

考えることができる。ひとつはフォーキャスティングな思考による将来の捉え方である。フォーキャスティングとは問題解決のためのひとつの方法であり，先に想定される課題を定義して，その解決策を考えていく見方である。具体的には，過去の気象データを使って先々の気象を予測する天気予報や，過去の売上実績から来期の目標を設定することなどが一例であり，多くの人々が当たり前のように利用している見方である。

　もうひとつは，バックキャスティングな思考による将来の捉え方である。バックキャスティングとは，「ありたい姿・あるべき姿を規定し，その実現のために，いまなすべきことを考える」見方である。これは 1970 年代に地球環境問題を考える上で生まれた見方である。すなわち，これからも人類が生存し続けることができる地球の状態とはどのようなものかを定めて，環境に影響を及ぼす開発や経済活動は，その地球の状態を維持できる範囲内にとどめよう，という発想によるものである。

　感染症のパンデミックの発生など先のことが読みづらく，かつ世界中が持続可能な社会を達成しようという野心的な姿勢で取り組もうとしている今日においては，バックキャスティングな思考で将来像を描くことが望ましいであろう。

　具体的には次のような思考で考えていく。まずはあるべき 2030 年の社会はどうであるかを思い描く。当然であるが，SDGs の目標達成を遂げていると考えているわけだから，2030 年の世界は今日の課題を克服した姿となっている。そして，そのような理想的な将来を描くためにはどのような努力をすべきか，あるいはどのような環境の変化が生まれているかということを推測していくわけだ。

　例えば，2030 年における経済成長や労働状況について思い浮かべるとしよう。持続可能な経済成長を迎えているとするならば，人々は快適な労働環境の下で仕事に従事しているものと予想される。それを達成するためには，どのような課題を克服すべきだろう。例えば長時間通勤という課題がある。それを克服するためには，テレワークのより一層の普及が必要である。ただそれが達成

〈ポイント〉
フォーキャスティングとバックキャスティングの見方の比較

	フォーキャスティング	バックキャスティング
将来への見方の特徴	過去のデータや経験をもとに，将来起きるであろうことを予想する見方	将来のあるべき姿を想定し，その想定にするために必要な課題を解決して実現させていく見方
この見方が好まれる環境	社会変化が起きづらい，もしくは安定していて，将来が予想しやすい社会状況	社会変化が著しい状況にあり，簡単に将来を予想しづらい不確実な社会状況
適応すべき将来への期間	数年先程度の比較的近い将来の予想	数年から10年単位での先を見据えた将来の予想

　できれば，毎日通勤をしなくてよいという望ましい社会を描くことができるだろう。もちろん，世界中の人々がそれぞれの好ましい将来像をもっているため，将来像も一様ではない。ただし，我々はすべての人がSDGsの達成に向けて活動するならば，望ましい将来像も共通していくことだろう。

　また，友人たちとの間で将来像を語り合うならば，例えば17の項目を数個ずつ分担して提示し合いながら最後に全員で合わせるというのでも構わない。こうして複数人で将来についてビジョンを語り合うことで，あるべき将来像とそれを実現するために立ちふさがる課題を共有し合うこともできるであろう。

3. ポストSDGsに向けて我々ができること

　望ましい2030年の世界を描きつつ，その社会を実現するため，それに向けて克服するべき課題を，国や自治体，企業，NGO，そして個人が取り組んでいく──このような世界は大変前向きで，魅力あふれる社会に違いない。そんな望ましい社会を想定する上でSDGsを目標とし，それを克服することで実現される持続可能な社会を目指すことは，多くの人々が支持する考え方であるだろう。事実，企業関係者や意識の高い学生と関わるなかで，SDGsに対する関心を持つ人たちが確実に増えており，今後の仕事にSDGsを活かしながら，社会を変えていこうという意欲的な人々の声も多く耳にする。

　2章でも指摘したが，官民挙げての広報活動の成果もあり，国内における

SDGsに対する認知度は急速に向上した。朝日新聞が実施した2017年の第1回調査では12.2%であったが，23年2月の第9回調査では87%にも上昇した。加えて，年代別では10代が90%を超えたのに対して，これまで比較的認知度の低かった高齢者世代で80%を超えるなど改善が見られた（50代88.4%，60代89.8%）。一方で，20代は唯一80%を切った（79.5%）。これは大学におけるSDGs教育の遅れが反映された結果といえるのかもしれない。（参考：『第9回SDGs認知度調査』（朝日新聞）https://miraimedia.asahi.com/sdgs_survey 09/2023年7月1日閲覧）

　SDGsを踏まえた持続可能な社会の達成には，まずは認知度を上げることは不可欠であり，日本国内では官民を挙げてSDGsを普及させる運動を推進している。マスメディアでもSDGsを扱った特集記事を取り上げたり，また啓蒙週間を設けてSDGsの重要性を意識させる番組を放映するなどの取り組みがなされている。この点に関しては，今のところ努力が功を奏しているといえるだろう。

　ただし，SDGsへの認知度がこれまで低かった原因のひとつには，SDGsを設定するために世界中で話し合ってきた国際会議において，日本がこれまでどれだけ積極的に関与してきたかということと関係している。確かにSDGsを決定していく上で影響を与えた「ポストMDGs」をめぐる会合や，SDGs策定の流れを決めた国連持続可能な開発会議（リオ + 20）などにも，日本は外務省を中心に参加してきた。しかし，そこで話し合われてきたことにどれほどの国民が関心をもっていただろうか。事実，欧米諸国ではこうした会議には政府代表に加え多くの市民団体（NGO）や民間セクターも参加し，意見を述べてきたのとは対照的である。自分たちが策定段階から積極的に関わっていくことにより，それを達成しようという意識はより高まるものである。

　さらにはSDGsの前身であるMDGsに対してどれほどの国民が意識してきただろう。筆者が外務省勤務時にはこのMDGsが推進されていたためが担当していた途上国側はMDGsをもとに国家計画を策定し，それを考慮に入れて経済援助を進めていた。しかし，当時日本側にMDGsに対する意識があった

かといえば，国際協力に関与している個人や企業を除き，正直なところほぼ認知されていなかったと言わざるを得ない。こうした状況のなかで 2015 年に MDGs の達成状況について査定が行われたが，ほとんどの国民は関心をもっていなかった。途上国への経済援助は我々国民の税金が使用されているにもかかわらず，である。

　このような過去の反省を踏まえて，これから 2030 年に向けて我々は SDGs にどのように関与していくべきであろう。まずは SDGs に対する関心を国民全体レベルにまで高めていき，オールジャパンとして積極的に関わっていくことが必要である。ここまで学んできたことからもわかるように，SDGs では広範囲にわたるさまざまな項目が扱われており，意外に自分が関心を持てたり，自分の能力が活かせるのではないかと思える項目もあったはずだ。「自分には関係ない，関心がない」と決めつけてしまうことは，大きな可能性を自らつぶしてしまうことであり，極めて残念なことである。

　SDGs の問題に積極的に関与することで，日本国内や国際社会でのさまざまな問題にも関心が高まっていき，周囲の人々の取り組みにも目を向けることができる。そうした相互の交流から新たな技術革新（イノベーション）が生まれ，SDGs の達成につながっていくことだろう。

　さらに，我々はその先，2030 年以降の世界についても考えていくことが必要な時代に入っている。「まだ SDGs も達成できていない状況なのに，その先なんて時期尚早」と異を唱える人もいるかもしれない。たしかに，我々はまずは SDGs の達成に向けて一歩一歩着実に努力していくべきである。ただし，我々の生活は決して立ち止まっているわけではない。世界ではすでに「ポスト SDGs」を見据えて動き出しているのである。

　ポスト MDGs に向けた動きは，達成期限年である 2015 年の数年前の 2000 年代後半から，欧米諸国で議論が始まるなどすでに先行して動き出していた。日本がこの「ポスト SDGs」の策定に向けて国を挙げて積極的に関わっていくのであれば，SDGs の達成に向けて行動することは当然である。そのうえで，その先の社会をバックキャスティングしながら新たな課題を設定し，国際社会

全体で取り組んでいけるよう働きかけていくことも必要だろう。

　日本が「ポストSDGs」に積極的に取り組んでいくためのアイデアとして，日本のイニシアティブで「ポストSDGs」の目標を提案・設定していくというのはどうだろうか。現在のSDGsの達成に向けて国内をあげて努力をしていく中で，現状17の目標ではカバーされていない課題は何かということを考え，ポストSDGsを策定する際，その課題を新たな目標として設定されるよう日本から発信し，世界に働きかけていくということだ。自分たちが主体的に関わって作り上げた目標をはじめとした取り組みに対しては，必ずそれを達成（成功）させようと努力できるはずである。

　SDGsは2030年を達成基準年と設定しているが，持続可能な開発を目指す取り組みは決してそこで終わるものではない。目標達成をしたとしても，その先には新たな課題に直面することになるのかもしれない。しかし，こうした課題を一つひとつ克服していくことは，我々にとって確実に望ましい将来につながっていくであろう。SDGsを考えることは，そのための最初の，だが大きな一歩を踏み出すことなのである。

☕ コラム：SDGs ウォッシュをめぐる議論

　SDGs の重要性が企業の中にも浸透していくなかで，しばしば議論されることに，特定の企業が実施している活動に対して，「あの企業の活動は SDGs ウォッシュだ」として非難が向けられることがあげられる。

　「SDGs ウォッシュ」とは，SDGs への取り組みをアピールしていても実態は異なっている状態を意味する。この言葉自体は，かつて環境に配慮しているようで，実態は異なっていた「グリーンウォッシュ」という言葉から転用しているといわれている。SDGs ウォッシュと考えられるものとしては，①実態がないにもかかわらず，SDGs に取り組んでいるように PR している事例，② SDGs に本気で取り組むつもりがないのに，自社の既存の事業内容と SDGs17 の目標を無理やり関連づけて語っている事例，③現状の取り組みを大げさに誇張する形で，SDGs の取り組みとして PR している事例などである。

　確かに一部の企業の取り組み事例を見ていると，SDGs と無理やり結び付けて，自社の取り組みが時流に乗っているとアピールするだけのものと思われるケースも存在している。こうした見かけだけの SDGs 活動を表明する企業に対しては，社会としてしっかり監視し，正しく修正してもらうか，SDGs の取り組みから退出願うべきであろう。ただし，十分に SDGs の達成に向けた意欲的な試みにもかかわらず，周囲から SDGs ウォッシュと批判され，企業や団体のイメージを傷つけられることを恐れてしまっているケースもある。また，実際

写真20-1　太平洋諸島の新たなビジネスを話し合う投資フォーラム（ニュージーランド）

にSDGsの目標達成にとっては極めて意義深いことでも，SDGsが包括的な
テーマを扱っているがゆえに，その行動が他の目標達成にとってマイナスとな
る（トレードオフ）場合もある。目標達成を目指す人々からしたら，この取り組
みを実施している企業は「SDGsウォッシュ」と映るかもしれない。

　もちろん，SDGsを正しく認識することは必要であるが，考えすぎてしまい
一歩踏み出す勇気を躊躇させてしまっては，持続可能な社会の達成にとっては
マイナスである。まずは各企業や団体はSDGsを踏まえて行動することを表明
し，現実に動き出すことが最も必要なことであるだろう。

　なお，電通が発行する「SDGsコミュニケーションガイド」には，SDGs
ウォッシュを避けるためのポイントが記載されている。(https://dentsu.co.jp/
csr/team_sdgs/pdf/sdgs_communication_guide.pdf 2023年7月1日閲覧)

参考文献・引用文献

安藤顯（2019）『SDGs とは何か？　世界を変える 17 の SDGs の目標』三和書籍。

井出明（2018）『ダークツーリズム　悲しみの記憶を巡る旅』幻冬舎。

SDGs 推進本部（2023）『SDGs アクションプラン 2023』

学校給食から発生する食品ロス等の状況に関する調査結果について（環境省／平成 27 年 4 月 28 日）

NPO 西山夘三記念すまい・まちづくり文庫編（2015）『軍艦島の歴史〈1952／1970〉住宅学者西山夘三の端島住宅調査レポート』創元社。

岡本伸之編（2001）『観光学入門　ポスト・マス・ツーリズムの観光学』有斐閣アルマ（財）日本交通公社編（2004）『観光読本［第 2 版］』東洋経済新報社

蟹江憲史（2020）『SDGs（持続可能な開発目標）』中公新書。

グローバルイノベーションズ編（2020）『SDGs 実践 NAVI　StartSDGs』グローバルイノベーションズ。

国際連合（2015）『我々の世界を変革する：持続可能な開発のための 2030 アジェンダ』（外務省仮訳）

国際連合（2018）『持続可能な開発目標（SDGs）報告 2019―概要』（国連広報センター訳）

国際連合（2018）『持続可能な社会のためにナマケモノにもできるアクション・ガイド』（国連広報センター訳）

須藤廣・遠藤英樹（2005）『観光社会学　ツーリズム研究の冒険的試み』明石書店。

『世界の雇用および社会の見通し』2019 年版

『世界の食糧安全保障と栄養の現状』2019 年版

『世界の農林水産 Winter2015』

高橋彰夫・大橋正明編『SDGs を学ぶ　国際関係・国際協力入門』法律文化社。

那須田淳（2021）『未来からの伝言　SDGs ガイドブック』講談社。

日能研（2017）『SDGs（国連 世界の未来を変えるための 17 の目標）2030 年までのゴール』みくに出版。

日本ユニセフ協会（2018）『知ってますか？ SDGs　ユニセフとめざす 2030 年のゴール』さ・え・ら書房。

藤岡和賀夫（1972）『華麗なる出発 ディスカバー・ジャパン』毎日新聞社。

松原恭司郎（2019）『図解ポケット SDGs がよくわかる本』秀和システム。

前田勇編（1998）『現代観光学キーワード事典』学文社。

南博・稲場雅紀（2020）『SDGs―危機の時代の羅針盤』岩波新書。

山下晋司編（2007）『観光文化学』新曜社。

山下晋司（2009）『観光人類学の挑戦　「新しい地球」の生き方』講談社。

UNEP ホームページ "Our planet is drowning in plastic pollution"
　　https://unep.org/news-and-stories/story/our-planet-drowning-in-plastic-pollution

林野庁（2020）『「クリーンウッド」利用推進事業のうち生産国の現地情報収集事業（大洋州地域等）報告書」（平成 30 年度林野庁委託事業）。
　　https://rinya.maff.go.jp/j/riyou/goho/kunibetu/slb/r1report-slb02.pdf　（2021 年 8 月 8 日閲覧）

'Measuring digital development: Facts and figures 2019'（ITU/2019）

'Progress on household drinking water, sanitation and hygiene 2000-2017. Special focus on inequalities'（WHO/UNICEF JMP/2019）

'The State of Food Security and Nutrition in the World 2019'（FAO）

参考 WEBSITE

国際連合 SDGs ホームページ https://unic.or.jp（2021 年 4 月 30 日閲覧）

国際連合広報センター『SDGs：事実と数字』
　　https://unic.or.jp/news_press/features_backgrounders/31737/

持続可能な開発目標（SDGs）推進本部（首相官邸）
　　https://kantei.go.jp（2021 年 4 月 30 日閲覧）

社会課題―SDGs（経済産業省関東経済産業局）
　　https://kanto.meti.go.jp/seisaku/sdgs/index.html（2021 年 8 月 8 日閲覧）

地方創生 SDGs 官民連携プラットフォーム（内閣府）
　　https://chisou.go.jp/tiiki/kankyo/index.html（2021 年 8 月 8 日閲覧）

日本ユニセフ協会ホームページ https://unicef.or.jp（2021 年 4 月 30 日閲覧）

ESD　持続可能な開発のための教育　ポータルサイト（文部科学省）
　　https://esd-jpnatcom.mext.go.jp/index.html（2021 年 8 月 8 日閲覧）

EU ホームページ https://europa.eu（2021 年 4 月 30 日閲覧）

JAPAN SDGs Action Platform（外務省）
　　https://mofa.go.jp/mofaj/gaiko/oda/sdgs/index.html（2023 年 7 月 1 日閲覧）

OECD ホームページ https://oecd.org（2021 年 4 月 30 日閲覧）

SDG Index & Dashboards（The UN Sustainable Development Solutions Network（SDSN））
　　https://sdgindex.org/（2023 年 7 月 1 日閲覧）

Sustainable Development Report 2021
　　https://dashboards.sdgindex.org/（2021 年 8 月 8 日閲覧）

あとがき

　2019 年末から世界で発生した新型コロナウイルス感染症の猛威は，2021 年半ばに差し掛かった今日に至っても，いまだ続いている。その間大学教育をめぐる環境も大きく変化を余儀なくされた。2020 年度の初めはほとんどの大学で対面授業から遠隔授業へと手探りでの対応を求められ，多くの大学生も「新しい日常」の中で大学での学びに取り組まなければならなかった。2021 年度からは多くの大学で対面授業の拡大を進めているが，感染症の情勢次第では再び遠隔授業への切り替えを進めざるを得ない状況にある。

　筆者もこのコロナ禍でオンラインを利用したライブでの授業に取り組むなど，新たな大学での授業のあり方について真摯に取り組んできたつもりである。多くの教育者の先駆的な取り組みを学びながら，さまざまな SNS を利用して学生とのコミュニケーションを迅速かつ円滑にとることに心がけてきた。そのなかで，学生からの要望として個人で学ぶ上で，包括的に学ぶことができる教科書の需要が高まっているということに驚きを覚えつつも，その要望に応えることの必要性を感じるようになった。

　コロナ禍での新しい日常への変化のなかでも，SDGs に対する認識は大きく進んでいる。テレビなどのマスメディアでも特集番組やスペシャルウィークを設け，その重要性をさまざまな形で普及させることに意欲的である。授業における学生たちとの会話においても，SDGs に対する認知度はもちろん，自ら何らかの形で貢献したいという意識も高まっている。さらには，自分たちが SDGs への取り組みを牽引していく上で，その背景や今後の課題などを学びたいという若者たちも増えている。大学教育・社会人教育の中で理論と実践の相互関係を意欲的に学ぶという点からも，SDGs は最高の題材といえるだろう。

　本書を執筆するに至る過程で，新たな日常のなかでも持続可能な社会の実現の重要性を意識し，その実現に向けて学んでいきたいという学生たちの意欲が

186

大きな力となったのはいうまでもない。本書の各章コラムの太平洋諸島での経験や課題の紹介も，学生たちが SDGs の目標が国際社会の中でどのような形で起きているのか具体的に知りたいという要望により生まれたものである。多くの学生たちとの出会いと交流との軌跡が本書であるともいえるだろう。

　本書の作成にあたり，数多くの方々の協力を得ることができた。地域理解や国際理解の教育に SDGs をより浸透させていけるための書籍の重要性を認識し，筆者に本書の執筆を薦めてくださった地域デザイン学会会長の原田保先生，東海大学の成川忠之教授には大変感謝申し上げたい。また大学生と企業との間で SDGs に基づいた社会の推進を進めていくことに賛同し，本書の執筆においてサポートいただいた株式会社グローバルイノベーションズ・黒岩賢太郎代表ならびに一般社団法人 EarthCompany・濱川明日香氏にも感謝いたしたい。

　最後に，本書の編集に対して，並々ならぬ協力をいただいた学文社・田中千津子社長に対して感謝の意を表したい。

2021 年 7 月吉日

著　　者

付

1. 太平洋諸国の地図

　本書においては，SDGsの各目標についての現状やそれに対する取り組みを
理解してもらうため，筆者が専門としてきた太平洋諸島の事例を本文ならびに
コラムにおいて紹介している。

　太平洋諸島は，日本ではあまり馴染みのない地域でもあることを考慮し，地
域の全体図と16の国・地域の地図を掲載した。位置関係を理解する上で参照
ありたい（出典：太平洋共同体事務局の地図をもとに筆者作成）。

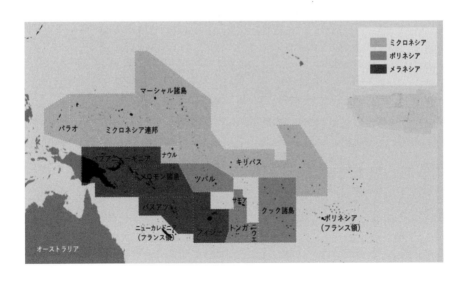

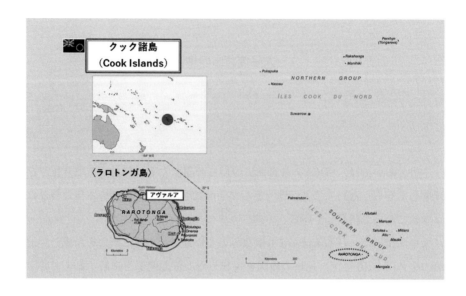

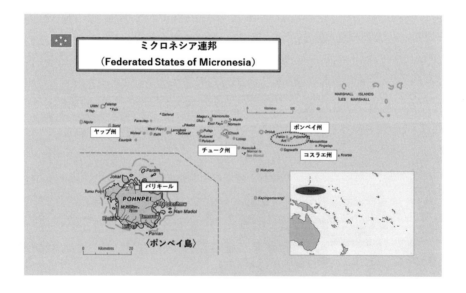

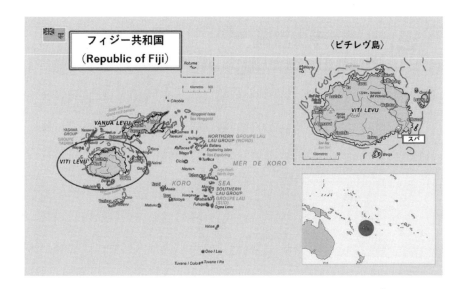

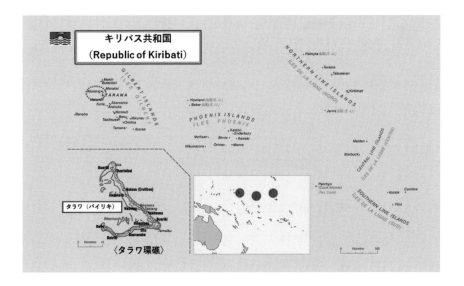

190

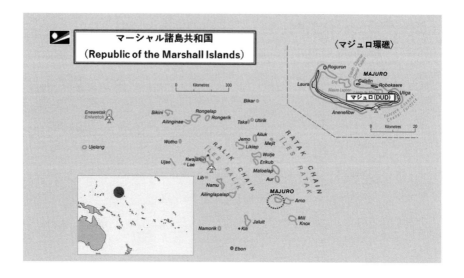

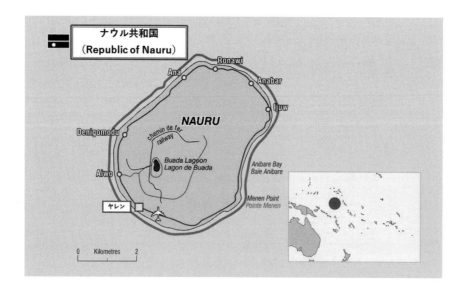

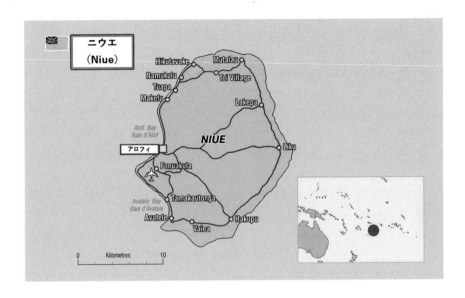

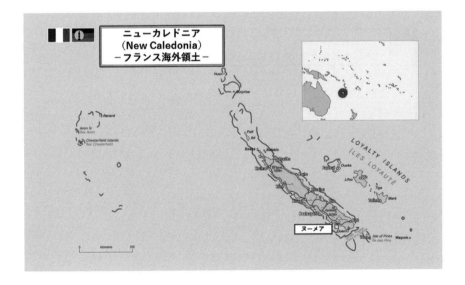

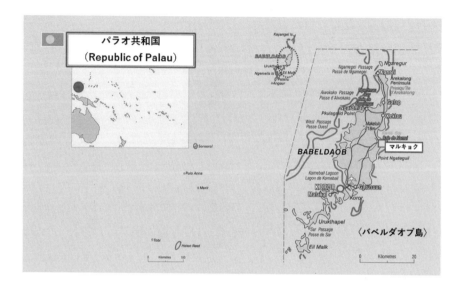

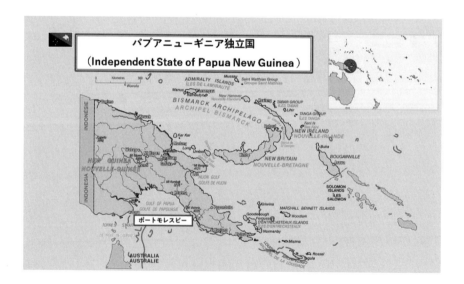

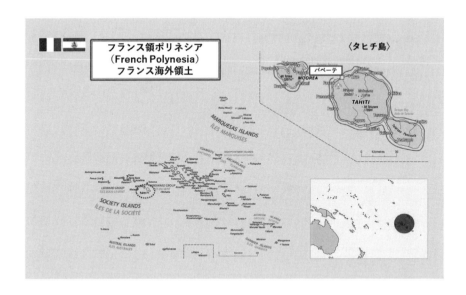

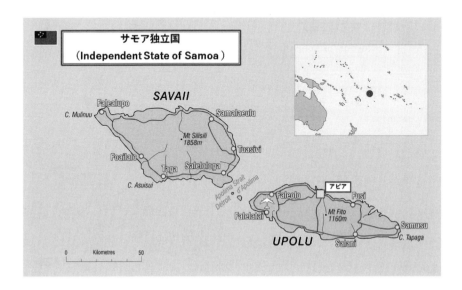

194

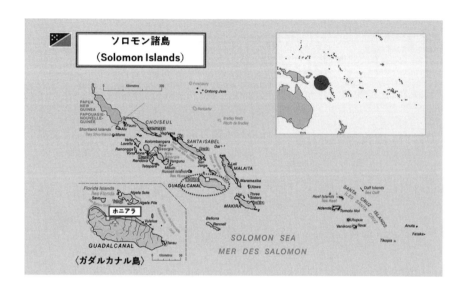

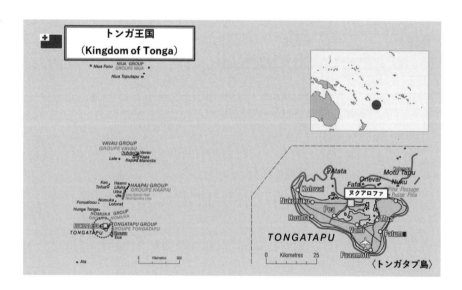

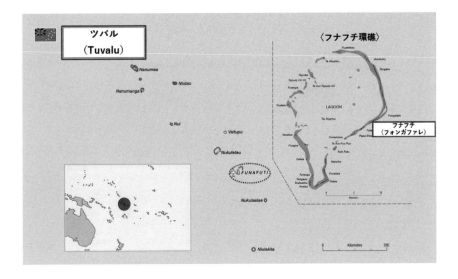

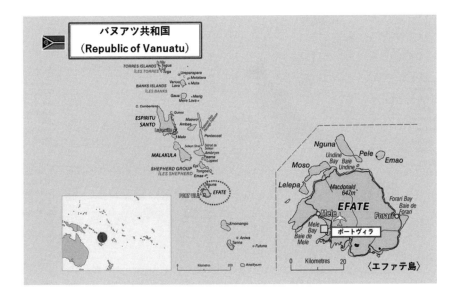

2．SDGs未来都市（2018〜2023年度）

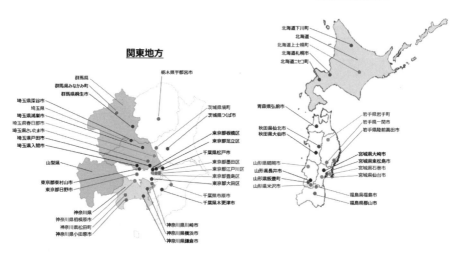

北海道・東北地方

関東地方

北海道下川町
北海道
北海道上士幌町
北海道札幌市
北海道ニセコ町

群馬県
群馬県みなかみ町
群馬県桐生市

栃木県宇都宮市

青森県弘前市

岩手県岩手町
岩手県一関市
岩手県陸前高田市

埼玉県深谷市
埼玉県
埼玉県鴻巣市
埼玉県さいたま市
埼玉県戸田市
埼玉県入間市

茨城県境町
茨城県つくば市

秋田県仙北市
秋田県大仙市

宮城県大崎市
宮城県東松島市
宮城県石巻市
宮城県仙台市

東京都板橋区
東京都足立区

千葉県松戸市

山梨県

東京都墨田区
東京都江戸川区
東京都豊島区
東京都大田区

山形県鶴岡市
山形県長井市
山形県飯豊町
山形県米沢市

福島県福島市
福島県郡山市

東京都東村山市
東京都日野市

千葉県市原市
千葉県木更津市

神奈川県
神奈川県相模原市
神奈川県松田町
神奈川県小田原市

神奈川県川崎市
神奈川県横浜市
神奈川県鎌倉市

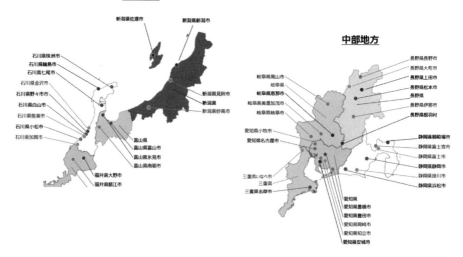

北陸地方

中部地方

新潟県佐渡市
新潟県新潟市

長野県長野市
長野県大町市
長野県上田市
長野県松本市
長野県
長野県伊那市
長野県羽村

石川県珠洲市
石川県輪島市
石川県七尾市
石川県金沢市
石川県野々市市
石川県白山市
石川県能美市
石川県小松市
石川県加賀市

新潟県見附市
新潟県
新潟県妙高市

岐阜県高山市
岐阜県
岐阜県恵那市
岐阜県美濃加茂市
岐阜県岐阜市

静岡県御殿場市
静岡県富士宮市
静岡県富士市
静岡県静岡市
静岡県掛川市
静岡県浜松市

富山県
富山県富山市
富山県永見市
富山県南砺市

福井県大野市
福井県鯖江市

愛知県小牧市
愛知県名古屋市

三重県いなべ市
三重県
三重県志摩市

愛知県
愛知県豊橋市
愛知県豊田市
愛知県岡崎市
愛知県知立市
愛知県安城市

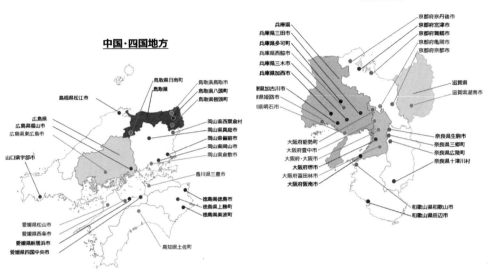

中国・四国地方
近畿地方

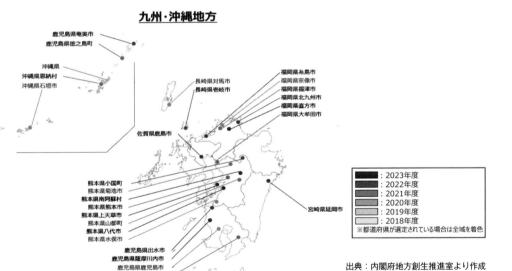

九州・沖縄地方

出典：内閣府地方創生推進室より作成

198

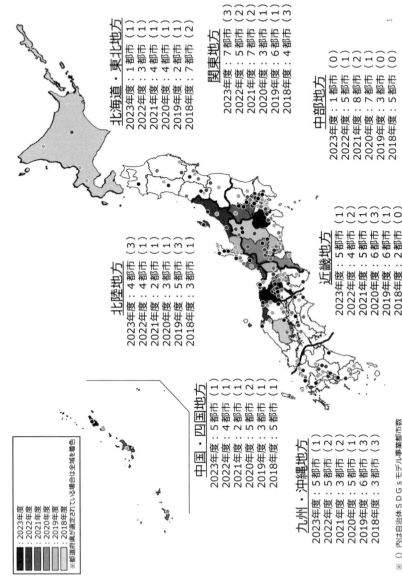

北海道・東北地方

2023年度 : 1都市（1）
2022年度 : 3都市（1）
2021年度 : 4都市（1）
2020年度 : 4都市（1）
2019年度 : 1都市（1）
2018年度 : 7都市（2）

関東地方

2023年度 : 7都市（3）
2022年度 : 5都市（2）
2021年度 : 7都市（2）
2020年度 : 3都市（1）
2019年度 : 6都市（1）
2018年度 : 4都市（3）

中部地方

2023年度 : 1都市（0）
2022年度 : 5都市（1）
2021年度 : 8都市（2）
2020年度 : 7都市（1）
2019年度 : 3都市（0）
2018年度 : 5都市（0）

北陸地方

2023年度 : 4都市（3）
2022年度 : 4都市（1）
2021年度 : 2都市（1）
2020年度 : 1都市（1）
2019年度 : 5都市（3）
2018年度 : 3都市（1）

近畿地方

2023年度 : 5都市（1）
2022年度 : 4都市（2）
2021年度 : 5都市（1）
2020年度 : 6都市（3）
2019年度 : 6都市（1）
2018年度 : 2都市（0）

中国・四国地方

2023年度 : 5都市（1）
2022年度 : 4都市（1）
2021年度 : 2都市（1）
2020年度 : 5都市（2）
2019年度 : 3都市（1）
2018年度 : 5都市（1）

九州・沖縄地方

2023年度 : 5都市（1）
2022年度 : 5都市（2）
2021年度 : 3都市（2）
2020年度 : 5都市（1）
2019年度 : 6都市（3）
2018年度 : 3都市（3）

: 2023年度
: 2022年度
: 2021年度
: 2020年度
: 2019年度
: 2018年度
※都道府県が選定されている場合は全域を着色

※ （）内は自治体ＳＤＧｓモデル事業都市数

著者紹介

黒崎 岳大（くろさき たけひろ）

現　　職　東海大学准教授
　　　　　1974 年生まれ
　　　　　早稲田大学大学院博士後期課程満期退学。博士（文学）
　　　　　早稲田大学文学部助手，在マーシャル日本国大使館専門調査員，外務
　　　　　省アジア大洋州局外務事務官，国際機関太平洋諸島センター副所長等
　　　　　を歴任後，2022 年より現職
専門領域　太平洋島嶼国の政治経済学，文化人類学（国家政策・開発経済）
主要著書　『マーシャル諸島の政治史―米軍基地・ビキニ環礁核実験・自由連合
　　　　　協定』（単著，2013 年，明石書店），『太平洋島嶼国と日本の貿易・投
　　　　　資・観光』（単著，2014 年，太平洋協会），『太平洋島嶼地域における国
　　　　　際秩序の変容と再構築』（共編著，2016 年，JETRO アジア経済研究所）

〈第二版〉
スタディガイド SDGs

2021 年 9 月 30 日　　第一版第一刷発行
2023 年 9 月 10 日　　第二版第一刷発行

著　者　黒　崎　岳　大

発行所　株式会社　学　文　社

発行者　田　中　千　津　子

〒153-0064　東京都目黒区下目黒 3－6－1
電話(03)3715-1501（代表）　振替 00130-9-98842
https://www.gakubunsha.com

印刷／倉敷印刷株式会社
〈検印省略〉